Todo está en los números

Trompeta FINAL **4**

RICARDO HERRANZ
BARQUINERO

TODO
ESTÁ
EN LOS
NÚMEROS

Producción, maquetación y edición electrónica:
AACHE Ediciones
C/ Malvarrosa, 2 (Las Lomas) – Telef. 949 220 438
19005 – Guadalajara
E–Mail: editorial@aache.com
Internet: www.aache.com

Impresión:
PodiPrint
C/ Cueva de Viera, 2
29200 – Antequera (Málaga)

Impreso en España – Printed in Spain.

ISBN 978–84–19813–58–9
Depósito Legal: GU–25/2025

A mi familia y amigos,

¡Gracias!

ÍNDICE

PRÓLOGO

Parafraseando a mi amigo Antonio Herrera Casado cuando en su prólogo para mi libro "El Tres de Oros y el Cuatro de Espadas" nombró mi frase *"los números, si estás atento, ves cómo nos transmiten siempre información"*. Y así es, pues nos indican algo, nos aportan señales que tenemos que saber interpretar.

Por ello, este libro va dedicado al mundo de los números, que siempre he querido investigar, pues ya con 12 años aprendí los cuadrados de los números del 1 al 100, a la vez que distintas técnicas que yo mismo descubría para multiplicar números "altos". Mientras que, por otra parte, resulta interesante su estudio, pues nos ayudan en nuestro día a día, puesto que cuando nos encontrarnos con un problema las matemáticas nos pueden ofrecer una solución. Además, que siempre son útiles, pues nos pueden aportar pistas sobre nuestro futuro.

INTRODUCCIÓN

Los números son muy útiles para nuestra salud mental, un buen ejercicio consiste en practicarlos para mantener activa tu mente. Para ello, haz cálculos de cuadrados de números del 1 al 100, y trata de memorizarlos. Algunos de ellos son muy fáciles, y tienen truco, como los que van del 50 al 60, (el truco está en dividir el número en dos partes, por ejemplo: 52, tiene dos partes, "5" y "2", al cuadrado de "5", 25, le sumas el "2" igual a 27, y en cuanto a la segunda parte "2" sólo tienes que calcular mentalmente su cuadrado "04", total 2704, y los que van del 91 al 99, (los dos números, resultantes, de la parte izquierda serían "81" (cuadrado de "9") al que se le añadirían de forma sucesiva los números impares del 1 al 17; mientras que los dos dígitos resultantes de la parte derecha serían los cuadrados desde el "9" hasta el cuadrado de "1", respectivamente). También multiplicar números cercanos entre sí tiene su truco, (87 x 89, es el cuadrado del número que está en el medio "88", igual a 7744, menos el cuadrado de "1", distancia de aquellos números "87" y "89" con respecto al que está en el medio, o por ejemplo, 52 x 58, es el cuadrado del número que está en el medio "55", igual a 3025, menos el cuadrado de "3", distancia de aquellos números "52" y "58" con respecto al que está en el medio).

Los números también pueden ser vistos como una mera curiosidad, un buen ejemplo sería el cuadrado mágico apocalíptico:

3	107	5	131	109	311
7	331	193	11	83	41
103	53	71	89	151	199
113	61	97	197	167	31
367	13	173	59	17	37
73	101	127	179	139	47

Es un cuadrado mágico de 6 filas y 6 columnas bastante abracadabrante, en el cual todas las casillas están ocupadas por números primos (divisibles solamente por sí mismos y por la unidad), y en el que cada fila, columna y diagonal suma 666, el número de la Bestia.

Por otra parte, otro cuadrado más pequeño, e igualmente genial, sería el Alberto Durero, pintor del Renacimiento alemán, quien pintó en 1514 el grabado "Melancolía I" incluyendo en su parte superior derecha el siguiente cuadrado mágico, que incluye una serie de matices simbólicos:

16	3	2	13
5	10	11	8
9	6	7	12
4	15	14	1

Dicho cuadrado contiene los primeros 16 números, y tiene algunas propiedades asombrosas. Por ejemplo, los dos números centrales de la fila inferior dejan ver la fecha de 1514, el año en que Durero pintó el cuadro.

Además, en las direcciones vertical, horizontal y las que corresponden a las dos diagonales, los números suman 34. Asimismo, 34 es la suma de los números de las cuadrículas de los vértices (16 + 13 + 4 + 1) y del pequeño cuadrado central (10 + 11 + 6 + 7), siendo la suma de los restantes números justo el doble del susodicho número, esto es 68 (igual a 34 x 2)...

Pero, por otra parte, los números también pueden resultarnos muy útiles para ayudarnos a adivinar el futuro, a través de una serie de *"mánticas"* es decir, conjunto de prácticas mediante las cuales se trataba de adivinar el porvenir. Y, no sólo eso, sino que también determinan nuestro número personal, de cara a los astros, es decir, nuestro horóscopo, por medio de nuestros signos del zodíaco.

Al margen de todo esto, lo que está claro, es que vivimos en un mundo en el que todo casi todo se puede explicar, pero por ejemplo no sabemos dar una respuesta a porqué nadie acierte a explicar las razones por las que el 17 o el 23 le caen bien y el 4 o el 8 le pueden resultar desagradables. Por encima del misterio o la intuición, los números siguen conservando íntegra su capacidad mágica a través de los tiempos. ¿Por qué se le teme tanto al 13?, ¿qué atracción especial despierta el 7?, ¿cuál es la razón por la que al 3 siempre se le asigne un significado benigno?, ¿es posible que aún en estos tiempos despierten temor las cifras 666?

El abracadabra, y, el 52:

En los tiempos modernos, estas inocentes creencias parecen haber caído en el descrédito, siendo sepultadas por el olvido. Sin embargo, a poco que se mire se descubrirá que no es así y que el poder talismánico ha sido trasladado a determinadas entidades acaso menos elaboradas pero a las que se les asigna un valor similar. Es este impulso casi atávico el que lleva a mucha gente a atarse un lazo rojo contra la envidia, a enrollarse en la muñeca cintas escritas con deseos, a arrojar coronas de flores al mar en ciertos días o al asignar poderes especiales al lapislázuli, el marfil, el coral, el azúcar o las hojas de muérdago. Sin embargo, perdura el símbolo máximo de los talismanes, el abracadabra que se utiliza en los momentos críticos de la vida en los que resulta imprescindible contar con el apoyo de la buena suerte.

Este talismán se fabrica cogiendo un trozo de papel sin usar y escribiendo la palabra de la siguiente manera:

a b r a c a d a b r a

a b r a c a d a b r

a b r a c a d a b

a b r a c a d a

a b r a c a d

a b r a c a

a b r a c

a b r a

a b r

a b

a

El papel debe doblarse por la mitad para que lo escrito permanezca oculto, se marca una cruz en una de sus caras y se lleva junto al carnet de identidad durante nueve días consecutivos. Luego se rompe y sus trocitos se echan a un caudal de agua que corre.

El valor de la palabra no es arbitrario. Si se utiliza la valoración numérica que se asigna tradicionalmente a las letras (a = 1; b = 2, etc.), se podrá realizar la suma de todas las letras que conforman la palabra:

a = 1

b = 2

r = 18

a = 1

c = 3

a = 1

d = 4

a = 1

b = 2

r = 18

a = 1

Total = 52. No hay que olvidar que 52 es el número de semanas que componen el año. Si se multiplica esta cifra por 7 (el gran número de la Cábala, el de mayor concentración mágica de todos cuantos existen) se obtendrá la cifra de 364, que es la representación numérica del Sol. Pero si se le suma 1, que es el símbolo de Dios, se llega a 365 que no sólo es el número que rige el comportamiento de los planetas sino que es la medida de mayor importancia del género humano pues simboliza la división máxima del tiempo, los días que componen el año.

El poder del símbolo

Los números se convierten en símbolos de las cosas más diversas para la mente humana y, por lo tanto, ejercen un gran poder sobre la conducta del hombre. Los números registran los grandes acontecimientos de la historia, la suerte de las naciones y las planificaciones del futuro; dominan los ciclos de la vida, registran el cómputo de los fenómenos y, dado que son infinitos, pueden abarcar todos los temas, hasta el futuro de las cosas. Absolutamente todo lo que interesa en el campo de la percepción puede traducirse a un lenguaje numérico. Fue el ilustre filósofo griego Pitágoras quien dio su exacta dimensión al declarar: «... todo es número...».

Desde los tiempos más remotos, los hombres han asignado valoraciones mágicas a las cifras. La concurrencia de ciertos fenómenos en días determinados, el valor ritual de ciertas fechas y otras variables, posibilitaron que existiese, para la subjetividad humana, números «favorables» y números «desfavorables». Hay científicos que sostienen que el número envuelve de modo intangible el destino humano, por lo que atañe a su comienzo y a su fin, es decir, admite un comportamiento mágico que puede ser desentrañado. Según los cabalistas, cada ser tiene un principio y una forma y el número se encarga de enlazarlos.

Siglos de oscuridad y luz

En la actualidad, Occidente conoce un período de auge en las artes adivinatorias. Desgraciadamente, no todas se transmiten con el necesario rigor científico. Por medrar, por explotar la ingenuidad de los demás, abundan los que, carentes de escrúpulos, se aprovechan de la confianza que despiertan las mánticas para ganar dinero. Otros, en cambio, prefieren recurrir a técnicas mucho más espectaculares que les permiten rodearse de un hálito de prestigio.

No todas las técnicas aritmománticas (esto es, basadas en la "aritmancia", o tipo de adivinación que se hacía a través de los números), son accesibles a los no expertos. El I-Ching es un buen ejemplo de ello. Se necesitan años de experimentación y conocimiento para poder desentrañar de manera rigurosa cada uno de los hexagramas que lo forman, relacionándolo adecuadamente con los demás. Para poder leer su mensaje sería necesario conocer numerosos volúmenes especializados, practicar durante mucho tiempo y convertirse en un experto.

Pero la mayoría de las técnicas que tienen al número por protagonista pueden ser aplicadas por los interesados sin conocimientos específicos. Algunas son adivinatorias, mientras que otras ayudan a que la gente se conozca mejor a sí misma. Lo que está claro es que también pueden resultar ser divertidos juegos de sociedad, o incluso ser el aporte astrológico para desvelar el presente y el futuro.

LA ARITMOLOGÍA

Desde el punto de vista adivinatorio, la ciencia de los números puede ser dividida en tres categorías:

a) Aritmología: es la rama que analiza la relación entre la cifra y los fenómenos naturales; engloba las diversas técnicas que intentan desentrañar el comportamiento humano a través de su reducción al lenguaje numérico. La numerología, la aritmología zodiacal y la interpretación de los sueños con números son algunas de las áreas que forman parte de esta rama.

b) Aritmomancia: se dedica a interpretar los conocimientos que le ofrece la aritmología en función de la previsión de los hechos del futuro. Estudia el poder de los números estableciendo una relación entre el individuo que consulta y la totalidad del universo. A esta rama pertenecen la onomancia, la astragalomancia, la geomancia, el I-Ching y muchas otras mánticas.

c) Aritmosofía: estudia la significación profunda y el poder de influencia de cada número y las relaciones que los números establecen entre sí conformando un lenguaje propio.

Aritmología luliana

El vastísimo poder de la aritmología llevó a numerosos científicos de todo el mundo a tratar de establecer a partir de ella una ciencia universal. Precisamente, puede considerarse al filósofo mallorquín Ramón Llull un verdadero precursor del pensamiento científico moderno. El resumen global de sus investigaciones aparece en su libro «El gran Arte» que, a través de las épocas, ha quedado como un formidable sistema lógico mediante el cual ha sido posible comprender la aritmología luliana.

Este método fue creado por el filósofo en 1274 y servía para resolver problemas cotidianos, para escudriñar los misterios de la bóveda celeste y también para adivinar el futuro. Apelaba a la combinación de letras, números y colores. Las cifras eran utilizadas con su doble valor: el del significado del número y el de su equivalente en letras latinas. Así, por ejemplo, 1 era igual a A y a Dios; 2 era igual a B y al poder de Dios, etc.

Estos valores se encerraban en círculos concéntricos de colores bien diferenciados y cada letra contaba con una casilla dentro del círculo. Los círculos podían moverse entre sí y a través de sencillos cálculos binarios era posible obtener un cierto número de combinaciones de letras, colores y cifras que arrojaban desde respuestas tipo positivo-negativo, hasta opciones que hacían posible la interpretación del futuro. Las combinaciones de la aritmología luliana y las del juego de Tarot son muy similares, por lo que se supone que el científico debía conocerlas y las aplicó en un sentido verdaderamente novedoso.

Aritmología zodiacal

Las letras que conforman el nombre de una persona y el signo astrológico al que pertenece, sirven para definir las grandes características de la personalidad de tal individuo. Esto es lo que sostiene la aritmología zodiacal, que no arroja luz sobre el futuro, pero que sirve para desentrañar las llamadas «fuerzas máximas», los más intensos vectores de personalidad de cada ser humano, con sus virtudes y defectos.

Para ello, es preciso recurrir a dos tablas de numeración convencional. Una de ellas es la de las letras del alfabeto latino. Sus valores son los siguientes:

A: 1; B: 2; C: 3; D: 4; E: 5; F: 6; G: 7; H: 8; I: 9; J: 10; K: 11; L: 12; LL: 13: M: 14; N: 15; Ñ: 16; O: 17; P: 18; Q: 19; R: 20; S: 21; T: 22; U: 23; V: 24; W: 25; X: 26; Y: 27; Z: 28

A la vez, los valores zodiacales son:

ARIES = 1; TAURO = 2; GÉMINIS = 3; CÁNCER = 4; LEO = 5; VIRGO = 6; LIBRA = 7; ESCORPIO = 8; SAGITARIO = 9; CAPRICORNIO = 10; ACUARIO = 11, y, PISCIS = 12

A partir de estas tablas, las reglas de la aritmología zodiacal son, extremadamente simples: se traduce el primer nombre (o el que se utiliza habitualmente) a cifras y se realiza la suma de sus componentes. El total obtenido se multiplica por el número del signo zodiacal al que la persona pertenece. Las cifras que componen el número obtenido vuelven a multiplicarse entre sí. Los componentes del resultado se suman entre sí tantas veces como sea necesario hasta dar con un número que se halle entre 1 y 12 y luego se consulta la tabla de atributos.

Por ejemplo, si quien consulta es alguien llamado Enrique y pertenece al signo de Géminis...

Sumando los valores correspondientes a sus letras, tendríamos:

E=5; N=15; R= 20; I=9; Q=19; U=23; E=5

5+15+20+9+19+23+5 = 96

Como Géminis es 3, multiplicaremos 3 x 96 = 288, procederemos a multiplicar las cifras entre sí: 2 X 8 X 8 = 128 y sumaremos las cifras: 1 + 2 + 8 = 11, 1 + 1 = 2. Por lo tanto es el 2 el que debe buscarse en la tabla de atributos.

Tabla de atributos

1: positivo: mansedumbre, iniciativa, fidelidad, ansia de poder
   negativo: irreflexión, terquedad, insensibilidad, egoísmo.

2: positivo: perseverancia, optimismo, lealtad, vitalidad
   negativo: obstinación, lentitud, celos, torpeza.

3: positivo: inteligencia, astucia, adaptabilidad, mente abierta
   negativo: superficialidad, hipocresía, egoísmo, frialdad.

4: positivo: afectividad, tranquilidad, ternura, éxito social
   negativo: melancolía, pasividad, despotismo, escasa imaginación.

5: positivo: honorabilidad, orgullo, generosidad, coraje
   negativo: despotismo, imprevisión, altanería.

6: positivo: sociabilidad, sumisión, adaptabilidad, eficacia
   negativo: histeria, inseguridad, mezquindad

7: positivo: equilibrio, afabilidad, sentido estético, simpatía
   negativo: indecisión, pereza, cobardía, debilidad

8: positivo: inteligencia, voluntad, coraje, emotividad
   negativo: violencia, odio, obstinación, descontrol.

9: positivo: adaptabilidad, sociabilidad, intuición, humor
   negativo: irresponsabilidad, conformismo, hipocresía.

10: positivo: sacrificio, sabiduría, perseverancia, ambición
    negativo: frialdad, rencor, pesimismo, desconfianza.

11: positivo: independencia, simpatía, altruismo, solidaridad

negativo: superficialidad, frialdad, egoísmo, frivolidad

12: positivo: ironía, inteligencia, hospitalidad, serenidad

negativo: avaricia, falsedad, paranoia, rencor.

Numerología

Se trata de un arte adivinatorio que puede ofrecer predicciones futuras pero que, básicamente, define los rasgos fundamentales de la personalidad a través de la hora, día, mes y año de nacimiento. La suma de estos factores arroja una cifra que se constituye en el número del destino del consultante. Basado en el sistema de cálculos de Pitágoras y en los algoritmos de Boecio, el cálculo aritmológico que ha dado pie a la numerología contemporánea fue simplificado notablemente por Piero di Cascia y actualmente resulta muy sencillo de realizar.

Para llevarlo a cabo se necesita que los datos sean precisos, ya que una diferencia de minutos puede bastar para distorsionar el cálculo total. Como podrá observarse, se trata de una experiencia personal e intrasmisible, ya que si bien hay personas que pueden coincidir en el día y en el mes y hasta en el año, resulta verdaderamente excepcional que coincidan también en los minutos. No resulta tan común enfrentarse en el deambular por el mundo con otro ser que haya nacido exactamente en el mismo momento y, en el caso de hacerlo, es bastante probable que se trate de personalidades parecidas.

La mántica consiste en realizar la suya ya descrita y reducir la cifra a un número entre 1 y 9. Ese será el número del destino y será preciso buscarlo en la tabla caracterológica que acompaña.

Para aclarar el concepto, se pondrá un ejemplo: una persona ha nacido el 19 de diciembre de 1948 a las 12:10 del mediodía. Cabe aclarar que al anotar la hora de nacimiento, siempre debe colocarse siguiendo las agujas del reloj, esto es, sumando y no restando. Si alguien nació a las «once menos cuarto», se anotará «las diez y cuarenta y cinco». El mes se colocará de acuerdo con la numeración tradicional de los meses (enero 1, febrero 2, etc.), por lo que diciembre corresponde al mes 12. Las cifras se colocan encolumnadas para facilitar la suma:

19 (día del nacimiento)

12 (mes del nacimiento)

1948 (año del nacimiento)

+ 1210 (hora del nacimiento)

Igual a = 3189

Pero como el total debe estar entre 1 y 9:

3+1+8+9= 21, y, 2+1= 3

Éste es el número del destino. Como se podrá observar, la hora es anotada como si se tratara de una sola cifra. Esto significa que si alguien nació a las ocho y cinco de la mañana, debe anotarse 0805 y si nació a los siete minutos de haber comenzado el día 0007.

Una vez obtenida la cifra, se busca en la tabla caracterológica.

Tabla caracterológica

1: Personalidad entusiasta, activa, con ansias de triunfar y de vivir intensamente. Inestable, se libra de ataduras con facilidad y acepta a los que le rodean tal como son, sin intentar transformarlos. Rasgos egocéntricos, autosuficiencia, individualismo extremo, poco permeable a admitir consejos, terco y obstinado, muestra serias dificultades para realizar tareas en grupo o constituir sociedades. No es muy apto para la vida social ni muy profundo en sus afectos, pero su enorme perseverancia tiende a asegurarle el éxito.

2: Se trata de personas que necesitan de los demás, que detestan la soledad, que si no están acompañadas encienden el televisor, ponen música o se dedican a tareas manuales con tal de no enfrentarse con sus propios pensamientos. Locuaces, cordiales, sinceros, excelentes en la amistad y en la pareja, anhelan el amor y cuando lo hallan son fieles y dedicados. Carecen de iniciativa propia y necesitan ser guía dos. Sienten fascinación por los líderes y las personalidades carismáticas. Son muy correctos en el área laboral, bastante sensibles y con agudo sentido del humor, pero son aprensivos, temerosos y rara vez destacan en su campo de acción.

3: Personalidad imaginativa y talentosa, perfeccionista y equilibrada, amantes de la paz y la armonía. Apasionados en el amor, malos administradores del dinero socialmente entablan relaciones más por conveniencia que por sincera amistad. Su mundo afectivo es misterioso y rara vez expresan lo que sienten de verdad. Son interesados y especuladores, ambiciosos y dominantes, aunque nada de eso pueda traslucirse. Adoran las cosas bellas y la buena vida, no son mezquinos y poseen gran imaginación, pero les falta perspectiva para analizar la realidad y suelen enfrentarse con momentos difíciles en la vejez.

4: Responsables hasta el perfeccionismo, nunca logran que sus méritos les sean reconocidos debido a su sencillez y a su humildad. Son perseverantes y laboriosos, pero también envidiosos y resentidos. Se deprimen con facilidad y tienden a compadecerse de manera agobiante de su suerte. También son hipocondríacos y temerosos. Asombran por su capacidad para resolver problemas de gran envergadura y sin embargo, suelen atascarse en la solución de pequeños detalles cotidianos. No son muy hábiles en las tareas manuales pero sí muy afectivos, por lo que la convivencia y la vida de hogar suele resultar armoniosa, duradera y feliz. Se trata de individuos fieles y leales.

5: La necesidad de cambio, de superar dificultades, de hacer triunfar proyectos difíciles, de ganar causas perdidas de antemano, caracteriza a este tipo de personalidad fuerte, que tiende a proteger y ayudar a los débiles, que adora los animales, los niños, el contacto con la naturaleza y los viajes pero que, en su interior, jamás reconoce que otros puedan tener razón, le humilla tener que admitir públicamente un error y, siendo inteligente, puede comportarse de modo tonto debido a su terquedad. Tienden a valorizar a los que piensan como ellos y a desvalorizar al resto. Sus afectos son poco profundos y pueden sustituir a una persona por otra sin mayores sufrimientos. Son curiosos, afortunados e inestables.

6: Apasionados por discutir, entusiastas de la política y las cuestiones que requieren análisis e investigación, son muy rápidos mentalmente y dotados de una gran capacidad de observación que les permite captar rápidamente las flaquezas de los demás. Suelen comportarse socialmente de manera arrolladora para ocultas su timidez, su inseguridad y su necesidad de ser queridos y cuidados. Son desinteresados en la amistad y desconfiados en el amor, pues tienen tendencia a suponer que los demás quieren aprovecharse de ellos atándolos afectivamente.

7: Gran dificultad para abarcarlo todo con una mirada, pero inteligencia excepcional para captar el detalle, caracteriza a este tipo de personalidad tranquila, sosegada, cordial pero no excesivamente sociable. Inclinación al aislamiento, a la melancolía, a sumirse en profundas depresiones que se cuida de comunicar. Cierto desinterés por la vida de los demás y tendencia a sobrevalorar la propia conducta. Pánico a que se los catalogue como seres sensibles y románticos. Mezquinos, individualistas, reprimidos afectivamente, temerosos de contraer responsabilidades, son correctos, amables, hábiles en las tareas manuales, distraídos, con una perpetua capacidad de asombro y con un alma infantil y traviesa oculta bajo la superficie del adulto formal.

8: Habilísimos para ganar dinero, suelen ser grandes negociantes debido a su sagacidad, su rapidez mental, su ambición y su notable sentido del humor. Aman los placeres pero necesitan de la vida familiar a la que respetan y se dedican con intensidad. Carecen de una sensibilidad muy desarrollada y suelen ser avaros con el dinero, que representa para ellos el eje de su vida. No son muy flexibles a admitir los consejos de los demás, aun cuando pudieran beneficiarlos. Dan importancia a la ubicación social y al prestigio y en lo profundo se enorgullecen de sus propios logros, aunque también son implacables para criticarse a sí mismos en los errores. Son especulativos e interesados.

9: Brillantes, cambiantes, divertidos, caóticos, exitosos con el sexo opuesto y adorados por sus amigos, se esfuerzan por ocultar sus problemas ante los ojos de los demás y se caracterizan por su gran sensibilidad humana. Resulta fácil herirles pero se sobreponen con igual facilidad. Carecen del sentido de la responsabilidad y tienden a justificarse a sí mismos con mucha mayor benevolencia que juzgan a los demás. Desvalorizan la fidelidad, detestan sentirse dependientes y son capaces de enamorarse si encuentran a una persona que pueda embarcarse en los mismos proyectos utópicos y en los sueños de éxito. A pesar de la imagen que presentan constantemente ante los demás, generalmente son personas insatisfechas y desdichadas.

Los números proyectivos

Este sencillo método inspirado en los tests proyectivos de personalidad, fue muy popular en los Estados Unidos en la década de los 60 y resulta un entretenimiento muy ameno para conocer la personalidad de quienes nos rodean.

Para realizarlo es necesario que alguien conozca sus reglas y actúe de coordinador ante los demás. Este coordinador pedirá a cada uno de los presentes que le diga, en orden, cuál es su número favorito. El coordinador anotará el nombre de cada uno de los presentes y, debajo, el número escogido. Si alguien dice un número mayor a 9, sumará los números que componen la cifra dicha, tantas veces como sea necesario hasta reducirla a 9 o un número inferior a 9. Luego pedirá a cada uno de los presentes un segundo número que le apetezca mucho y repetirá la operación del mismo modo que lo hizo la primera vez. Finalmente, pedirá a cada uno que diga cuál es el número que más le desagrada. Así, el coordinador dispondrá de tres números de cada uno de los presentes. Entonces pasará a consultar la tabla caracterológica teniendo presente que los atributos (positivos) del primeo número definen cuál es la personalidad ideal de cada uno, los positivos y negativos del segundo definen la personalidad del que dijo los números y los negativos del tercer número son los elementos que más detesta en los demás.

Así, si un participante ha mencionado que el número que más le gusta es el 17 y que luego le sigue el 23, pero el que más le desagrada es el 2, puesto que no pueden ser mayores a 9, resulta que 17 es (1+7) 8 y 23 (2 + 3) es 5. De modo que el coordinador buscará en los aspectos positivos de 8 la personalidad ideal del participante, es decir, aquella con la que la suya combinaría más adecuadamente y luego buscará en los atributos positivos y negativos de 5 la personalidad que define al participante. Finalmente, en los aspectos negativos de 2 hallará el tipo de comportamientos que más desagradan al participante.

Tabla caracterológica

1: (Positivo) fortaleza, perseverancia, sagacidad, olfato para el éxito, ambición, respeto a los valores familiares. (Negativo) falta de escrúpulos, egocentrismo, pobreza afectiva, autocomplacencia.

2: (Positivo) simpatía, excelente sentido del humor, sociabilidad, amor por la vida de familia y el hogar, afectividad muy desarrollada. (Negativo) vanidad sin límites, inseguridad, extremada vulnerabilidad, hipocresía, falta de equilibrio emocional.

3: (Positivo) excelente para la amistad, analíticos, hábiles en las tareas manuales, ecuánimes, flexibles, sensitivos. (Negativo) indiferentes, maniáticos, tímidos, excesivamente encerrados en sí mismos.

4: (Positivo) aventureros, apasionados, realistas, sociables, divertidos, imaginativos. (Negativo) superficiales, frívolos, sobrevalorados, infieles, carentes de romanticismo, inestables.

5: (Positivo) sensibles, perceptivos, inquietos, inteligentes, sinceros, refinados, curiosos. (Negativo) agresivos, implacables, autocompasivos, egoístas, desconcertantes, posesivos, violentos.

6: (Positivo) magnéticos, seductores, brillantes, hábiles, generosos, talentosos, cordiales, amistosos, divertidos. (Negativo) ambiciosos, sádicos, vengativos, demasiado tímidos, fríos, implacables, hipócritas.

7: (Positivo) correctos, agradables, seductores, conquistadores, excelentes amigos, románticos, discretos, tranquilos, realistas. (Negativo) melancólicos, demasiado tímidos, fríos, infieles, apáticos.

8: (Positivo) apasionados, volcánicos, fogosos, tenaces, sacrificados, muy afectivos, sensibles, soñadores, exitosos. (Negativo) melodramáticos, altaneros, soberbios, demasiado vulnerables, inseguros.

9: (Positivo) impetuosos, inocentes, bondadosos, observadores, sinceros, afectivos, soñadores. (Negativo) inestables, inconstantes, poco realistas, inseguros, pesimistas, contradictorios.

Variante más sencilla

Existe otra variante más sencilla de los números proyectivos que resulta muy divertida para llevar a cabo entre amigos y que no requiere de tablas caracterológicas, ni de operaciones aritméticas. Sólo necesita de papel y lápiz y de alguien — el coordinador— que conozca las reglas del juego. A diferencia del ejemplo anterior, sólo puede jugarse una vez, pues quien conoce el resultado ya no podrá volver a participar.

El método consiste en anotar los nombres de todos los favoritos y pedir a cada uno que diga cuál es su número favorito. Después, tendrá que explicar por qué es el que más le gusta, es decir, qué atributos o condiciones asocia con ese número por lo cual le apetece más que ningún otro. El coordinador no sólo anotará el número que le ha dicho cada participante sino los cuatro o cinco atributos principales que ha mencionado en relación con el número elegido.

Después se pedirá a cada uno de los presentes que digan un segundo número y que expliquen las razones, es decir, las virtudes o elementos de atracción que hallan en dicha cifra. El coordinador operará del mismo modo que la primera vez, anotando el número y los atributos fundamentales que se le asignan.

Finalmente, el coordinador repetirá la operación por tercera vez, pero ahora pedirá el número que cause mayor desagrado, invitando a explicar las razones del rechazo, que anotará junto al número mencionado. De este modo, tendrá un primer número con sus atributos positivos, un segundo número similar y un tercero con sus elementos negativos por cada participante.

Una vez que haya concluido la ronda explicará que el primer número describe cómo le gustaría ser al participante; el segundo define cómo es realmente el participante y el tercero advierte cómo los demás ven al participante. Las explicaciones y adjetivos asignados a cada número, al ser traducidos a estas 3 categorías, no sólo proporcionan sorpresas muy divertidas sino que ofrecen asombrosas y veraces descripciones de la personalidad de los participantes.

Aritmomancia

Así como la aritmología analiza las relaciones entre el número y los fenómenos naturales, esta disciplina utiliza la cifra como forma de conocer el futuro. La palabra proviene del griego arithmos, que significa «número» y manteia que significa «adivinación», es decir, mántica. Se cree, sin embargo, que su origen es más remoto, siendo sus creadores los sacerdotes caldeos. Los egipcios, por su parte, empleaban una mántica muy similar llamada teomancia que fue heredada por los hebreos. Los hexagramas del I-Ching y las figuras abstractas de la geomancia pertenecen a esta rama de la ciencia de los números.

Los procedimientos aritmománticos son múltiples y variados. Los árabes, por ejemplo, durante la Edad Media los utilizaban para conocer anticipadamente el resultado de una batalla y también el desenlace de un torneo. En el sistema de las «mónadas», contaban sólo de 0 a 9 la cifra dada, de 10 a 99 la que indica la decena y de 100 a 999 la que indica la centena. El total obtenido de la suma lo dividían por 7 o 9 y sólo conservaban el resto. Si el total era un número exacto, guardaban un resto igual al divisor. Así, podían confrontar los nombres de los contendientes. Según el sabio Ibn Jaldoun, "cuando son dos números antagonistas son iguales, si son impares, el agresor obtendrá la victoria y el efecto será inverso si los números son pares"...

Los griegos y los hebreos, sin embargo, empleaban esta mántica para la resolución de todo tipo de problemas, no sólo los derivados de las guerras que, por entonces, eran tan frecuentes. A diferencia de los árabes que poseían símbolos numéricos, los griegos y hebreos no tenían más números que las letras y, en consecuencia, la correspondencia era automática. Las tablas de valoración comparativa fueron necesarias con el alfabeto latino.

Todos los sistemas aritmománticos actuales devienen de los que se empleaban en la antigüedad. Pero en los tiempos presentes han sido simplificados y consisten en traducir en números las letras del nombre de la persona interesada en inquirir acerca del futuro.

La técnica traduce en números las letras del primer nombre (o del que se utiliza con más frecuencia) según la tabla de valores convencionales (que figura en las páginas dedicadas a la aritmología zodiacal) y luego repite el mismo procedimiento con el primer apellido. Cada una de estas sumas deben dividirse por el número zodiacal, es decir, el número que lleva el signo al que la persona pertenece (cuyos valores también pueden hallarse en la aritmología zodiacal). El número resultante servirá - en caso del nombre – para recibir un mensaje global sobre el futuro íntimo del individuo y - en el del apellido - de las relaciones que mantendrá con los demás.

Así, alguien llamado Daniel Ramírez, nacido en Leo:

DANIEL

$4+1+15+9+5+12=46$;

RAMÍREZ

$20+1+14+9+20+5+28=97$;

El signo de Leo es el 5, por lo tanto:

46:5= 9; 97:5= 19, pero como la lista de significados sólo comprende de 1 a 12:

19 es 1 + 9= 10

Para saber cuál es el mensaje futuro personal, deberá buscar el aspecto personal del contenido 9 y para averiguar el de sus relaciones con los demás, el social del contenido 10 en la tabla siguiente:

1: Personal: El triunfo llegará siempre con esfuerzo. No hay que esperar nada fácil porque resultará una espera vana. Controlando la impulsividad y duplicando la capacidad de sacrificio, podrán alcanzarse las metas.

Social: Buenas amistades con las que siempre se podrá contar. Pero no debe esperar que la propia fidelidad a los afectos sea pagada siempre con la misma moneda. Es importante aprender a aceptar a los demás tal como son, con sus virtudes y defectos.

2: Personal: Dinero seguro en la madurez, vejez tranquila pero escasas emociones. Pocos afectos sinceros. La constancia en el esfuerzo posibilitará la cristalización de un gran sueño.

Social: La falta de imaginación y la rutina impedirán los grandes triunfos sociales. Pero si se supera la tendencia a la obstinación, será posible contar con un núcleo de gente querida que dará conmovedoras sorpresas en algún momento difícil de la vida.

3: Personal: El gran enemigo es la soledad, que aguarda tras un recodo del camino. La falta de perseverancia advierte sobre un futuro incierto. Es importante abandonar la indecisión para triunfar en aquello que tanto se desea. Dinero, pero con moderación.

Social: Muchísimos amigos, conocidos y relaciones, pero casi ningún amigo de verdad. Sólo la lealtad y el control de la propia tendencia a la hipocresía pueden alterar con el tiempo este triste vaticinio que será más doloroso en la madurez.

4: Personal: Felicidad íntima si se supera la propia inseguridad. La timidez y la aprensión pueden hacerle perder una gran oportunidad y provocar una depresión aguda. La avaricia puede constituir otro grave problema. Peligro de ruina con los juegos de azar.

Social: El confort y el afecto deberán hallarse en el hogar, con la familia o el círculo más estrecho de conocidos pues nunca será demasiado exitosa la vida social.

5: Personal: Triunfo económico con posibilidades de obtener poder merced a la buena estrella y al tesón puesto en el esfuerzo. La vida afectiva, en cambio, será rutinaria y decepcionante y el hogar será reflejo del propio despotismo y falta de flexibilidad en la comprensión de los puntos de vista de los demás.

Social: La generosidad y la ternura que se manifiesta en las relaciones, unida a una cierta clase natural, deparan un respeto y una consideración que se mantendrán a través del tiempo.

6: Personal: Excelente salud y buena suerte en los juegos de azar, pero grandes dificultades y problemas para alcanzar el triunfo. Será preciso batallar muy duramente y no dejarse desalentar por los sucesivos fracasos que se anuncian. Superarlos es la única posibilidad para intentar la lejana victoria.

Social: Relaciones constantemente difíciles, derivadas de lo complicado del propio carácter y la falta de manifestaciones que exterioricen los sentimientos. Un cambio profundo en el modo de comportarse es imprescindible para evitar la soledad.

7: Personal: Madurez serena, armonía interior y paz, pero sin excesos maravillosos. Ni impensados golpes de fortuna, ni riqueza desmedida ni un gran poder. Vida previsible y agradable.

Social: Buenos amigos constantes y leales, reconocimiento de los propios méritos, tendencia a jugar el papel de mediador en querellas de seres queridos y vida familiar serena y rutinaria.

8: Personal: Destino apasionante y peligroso, lleno de imprevistos, de grandes éxitos y humillantes fracasos, de éxtasis y melancolía. Es necesario superar la tendencia al aislamiento para evitar la constante amenaza de las depresiones. Excelente situación económica a partir de la madurez, pero vida afectiva demasiado dinámica y nunca muy estable.

Social: Brillo y reconocimiento, pero también amargura por traiciones derivadas de la envidia. El resentimiento puede ocasionar el alejamiento de seres queridos si no es adecuadamente controlado y si no se superan las ansias de venganza.

9: Personal: Suerte en los juegos de azar pero un futuro económico permanentemente inestable. Vida afectiva y familiar plena, divertida, optimista, sin problemas de salud. Posiblemente haya viajes o traslados de residencia en el futuro.

Social: Amistades enriquecedoras espiritualmente, pero nunca muy duraderas. Brillo y admiración, diversión y optimismo pero, como en la fábula de la cigarra y la hormiga, con sombríos presagios para la vejez, para el lejano futuro.

10: Personal: La paz tan ansiada tardará en llegar, aunque el éxito económico puede darse por seguro. El universo afectivo no será nunca enteramente dichoso. El trabajo incansable y la lucha por el triunfo serán la consolación adecuada para la desdicha.

Social: Amistades prolongadas, no muy numerosas pero sí solidarias. Viajes con gente querida. Éxito en la conquista amorosa pero opacidad en las reuniones sociales.

11: Personal: Armonía y felicidad en la vida íntima si se supera la tendencia a la insatisfacción y el constante "disconformismo" con la propia suerte. Intentar la riqueza por un golpe de suerte es una posibilidad que no debe descartarse. Si se alcanza el poder, será mucho más efímero de lo que se ansiaba.

Social: Éxito debido a la propia capacidad de atraer y seducir, pero habrá una marcada tendencia a las relaciones superficiales y pasajeras y, detrás de todo, una verdadera dificultad para conseguir amigos verdaderos y duraderos.

12: Personal: Reconocimiento de méritos profesionales, un poco tardío pero merecido. Buena salud. Vida rutinaria salvo en el plano afectivo, donde se espera intensidad y momentos muy cambiantes, de felicidad y desdicha.

Social: Buenos amigos (pero pocos) y tendencia a querellas por enfrentamientos muy dolorosos. Las reconciliaciones serán amargas y en algunos casos demandarán años.

LA ADIVINACIÓN DEL FUTURO

Todo, absolutamente todo lo que existe puede convertirse en un número, hasta la suerte. Las combinaciones, imprevistos y variables de las cifras hacen que su dominio en manos del hombre siempre sea un concepto relativo. A través de los años se han realizado millares de cálculos y se han escrito centenares de volúmenes analizando la casuística del azar, mas no por ello el ser humano ha logrado apoderarse de él. Se pueden realizar profundísimos estudios de probabilidades para ganar en la quiniela o acertar en la ruleta, pero siempre tendrán que apoyarse en determinado sistema de pensamiento que reconocen a la lógica como fuente aprovisionadora. No está fehacientemente demostrado, sin embargo, que los números posean una lógica propia. El azar siempre aparece como un duende burlón para echar por tierra los sueños humanos de controlar lo imprevisto.

Los números se hallan dotados de una magia propia, de un contenido imposible de limitar. En función de ello, los pueblos han ido creando diversos sistemas basados en el universo numérico para predecir el futuro y escudriñar en los designios del porvenir.

Cibomancia

Este sistema adivinatorio es, a la vez, un juego divertido pues permite realizar todo tipo de preguntas al azar. Es una versión modernizada del antiquísimo sistema de la astrágalomancia, muy popular en Grecia, donde se empleaban huesecillos (sobre todo el astrágalo) sobre los que se escribían números. Su difusión por Europa hizo que, con el tiempo, se sustituyeran los huesos por los dados que conocemos actualmente.

El primer paso de esta mántica consiste en escribir sobre un papel la pregunta que se quiere formular, de la manera más sintética posible. Si se desea una respuesta por sí o por no, basta con colocar los dos dados en el cubilete, agitar, arrojar sobre la mesa y repetir la operación tres veces. La suma de los tres resultados dará una respuesta positiva si el total es impar y negativa si es par.

Así, si la primera vez se obtuvo 2 y 5= 7

la segunda vez se obtuvo 4 y 1= 5

la tercera vez se obtuvo 5 y 6= 11

Hace un total de 23

La respuesta a la pregunta es positiva porque

23 es impar.

Pero existe otra variante más compleja, que permite formular todo tipo de preguntas. Para ello, es preciso contar con el siguiente cuadro de valores:

0... H

1... A - B - S

2 ...E - C - T

3... I - D - X

4... O - F - Y

5... U - G - V - W

6....J – P - Z

7... K - Q

8... L - LL

9...M - R

10 ... N – Ñ

Una vez que se ha escrito la pregunta sobre el papel, se debe asignar a cada letra el valor correspondiente de la tabla, sumando luego hasta obtener una cifra determinada. Luego se arrojan los dados. Si la suma de los números es igual a la suma de los dados, el éxito es completo y la respuesta a la pregunta que se formula es muy positiva. Si la cifra sin sumar es un múltiplo de la suma de los dados, es decir, si puede realizarse una división perfecta, la respuesta es positiva; si no es divisible pero la suma de los dados arroja un total impar, la respuesta es «no se sabe». En todos los demás casos la respuesta es negativa.

Así, por ejemplo, la pregunta es la siguiente:

¿IRÉ DE

3+9+2+3+2+

VACACIONES

+5+1+2+1+2+3+4+10+2+1+

A EGIPTO?

+1+2+5+3+6+2+4= 73

Se arrojan los dados: 6 y 3. El total es 9. Si la suma de las letras en vez de ser 73, hubiera sido 72:

7+ 2= 9 igual a la suma de los dados.

Esto hubiera significado que no sólo se confirmaría el viaje sino que se trataría de vacaciones enteramente dichosas y placenteras. Asimismo, si la suma hubiera sido 72, la respuesta habría sido positiva puesto que 72 es divisible por la suma de los dados, es decir 9:

$9 \times 8 = 72$

Ninguno de estos casos se cumple. A la vez, si la suma de los dados hubiera dado 8 o 10, la respuesta habría sido completamente negativa. Como la suma de los dados da un número impar, la respuesta es «no se sabe».

Cubomancia

Esta mántica se halla relacionada con la anterior pues también utiliza los dados como método de auscultación, pero de algún modo, opera de modo inverso. No es una pregunta a la que responde, sino que sirve para desentrañar el mensaje que el destino tiene reservado al consultante. En Grecia era popular y se empleaba sobre todo para resolver problemas amorosos por lo que tradicionalmente se le llamaba el oráculo de Venus.

Se puede utilizar la misma tabla de valores de las letras que fue transcrita para la cibomancia. Se acostumbra a arrojar dos dados cinco veces consecutivas, aunque también se puede jugar con un solo dado lanzado diez veces. Puesto que cada número representa a una letra, conviene ir anotando en un papel el valor y una vez arrojada la totalidad de los dados, realizar la «traducción» para descifrar el mensaje. A partir de este resultado, corresponde al interesado buscar pacientemente las combinaciones posibles para descifrar un mensaje lógico.

Por supuesto, no siempre las combinaciones permiten la formación de un mensaje inteligible. En tal caso, se puede optar por la suma de los dos dados, a fin de alcanzar las letras cuyo valor numérico va de 7 a 10. Si aun con este artilugio no es posible obtener el aviso que el destino emite, conviene probarlo todo otra vez. El azar es caprichoso y no existen garantías ciertas de éxito.

El número del destino

Esta mántica, al igual que la Cubomancia, no responde a preguntas que se formulan sino que arroja un mensaje que el consultante aprovechará o no según su voluntad en el futuro. Es a la vez un juego agradable para entretenerse cuando hay invitados en casa.

El consultante debe pensar un número - de 1 a 10 – y decirlo a quien lleva a cabo el juego. Este, por su parte, debe observar el color predominante de la ropa que viste el interesado. Si se trata de una prenda con muchos colores, se debe escoger el color de fondo o el que en mayor medida resalte a la vista. Consultará la tabla de valores de los colores y se sumará este número al que el propio interesado ya ha dicho. Luego, preguntará al interesado a qué signo pertenece, consultará la tabla de valores de los signos zodiacales y sumará este número. Finalmente, observará la hora exacta en el reloj del consultante y sumará las cifras hasta obtener un número de una sola cifra. Realizará la suma total y si obtiene un número de dos cifras las sumará entre sí hasta obtener uno que vaya del 1 al 9, lo que le permitirá obtener el mensaje buscado.

La tabla de valores de los colores es la siguiente:

Blanco: 1; Gris: 2; Gris topo: 3, Negro: 4; Marrón: 14; Azul celeste: 19; Azul fuerte: 20; Amarillo: 6; Naranja: 7; Rojo: 8; Rojo oscuro: 9; Encarnado: 15; Índigo: 21; Ocre. 22; Tabaco: 10; Beige: 11; Arena: 12; Violeta: 13; Verde claro: 16; Verde inglés: 17; Verde oscuro. 18

Y, ésta es la tabla de valores de los signos:

ARIES = 1; TAURO = 2; GÉMINIS = 3; CÁNCER = 4; LEO = 5; VIRGO = 6; LIBRA = 7; ESCORPIO = 8; SAGITARIO = 9; CAPRICORNIO = 10; ACUARIO = 11, y, PISCIS = 12

De este modo, puede ejemplificarse el juego. Suponiendo que el interesado piensa en el número 7, quien lleva a cabo el juego observa que el color predominante del traje del interesado es el azul celeste (19). El interesado pertenece al signo de Géminis (3). Consulta el reloj del interesado y advierte que la hora exacta es 21:14, esto es 2 + 1 + 1 + 4= 8.

De modo que tiene:

7 (número propuesto por el interesado)

19 (valor correspondiente al color de su traje)

3 (valor del signo géminis del interesado)

8 (suma de números de la hora)

Total = 37

3 +7 = 10. Pero como la tabla va del 1 al 9... 1 + 0= 1

A continuación se transcribe el mensaje correspondiente a cada valor:

1: Número favorable, 4. El temor a comprometerse con los demás hará derramar lágrimas. Queda una oportunidad.

2: Número favorable, 64. El tesón, la inteligencia y la paciencia deparan un éxito muy celebrado. Temor a la oscuridad.

3. Número favorable, 9. Malas noticias desde lejos se convierten en un éxito inesperado. Fortuna en los juegos de azar.

4, Número favorable, 21. A pesar de todo, no hay que preocuparse por la salud, pero sí del hogar. Traslado, viaje.

5. Número favorable, 1. Pérdida de dinero en un día lleno de complicaciones. Carta o mensaje por encima del agua.

6. Número favorable, 32. Inesperadamente, la felicidad. Pero será preciso luchar mucho para conservarla. Amigo distante.

7. Número favorable, 10. Llega dinero imprevisto vinculado a una persona muy querida. Noticias de rencillas amargas que acaban bien.

8. Número favorable, 13. Peligro de muerte para alguien conocido o cercano. El amor atraviesa un lago azul.

9. Número favorable, 6. Gran triunfo en el área profesional con reconocimiento y halagos. La perfecta máquina de vivir.

OTRAS TÉCNICAS NUMÉRICAS

Juegos de par e impar

Basados en la milenaria tradición de lo que los números pares son negativos y desafortunados, y los impares positivos o de suerte, existen numerosas posibilidades de explorar la magia de los números para adivinar el futuro o hallar respuesta a cuestiones que requieren de una consulta al azar. A continuación se describen algunas de estas posibilidades:

Posiblemente el más común de los juegos adivinatorios por afirmativo o por negativo es el que se apoya en los dados. Se tira un par de ellos sobre la mesa y se formula mentalmente una pregunta que deba ser respondida por sí o por no. Si la suma de ambos dados da un número par, la respuesta es positiva, siendo negativa en caso contrario. Pero si la suma de ambos da el total de 10, es preciso tirar los dados nuevamente pues se trata de una respuesta neutra. En cambio, si da 12, es decir 6 y 6, a pesar de que el resultado es par, significa que la respuesta es, no sólo afirmativa, sino que va acompañada de mucho éxito.

Un sistema similar es el que puede seguirse con un paquete de naipes, que luego de ser mezclados, se cortará con la mano izquierda. Se extraerá entonces una carta del montón. Si se trata de una figura, la respuesta es «no se sabe». Si es un comodín, se repetirá la carta. Si el número de la carta escogida es par, la respuesta es no. Si es impar, la respuesta es sí.

Otro método sencillo consiste en ubicarse frente a una hoja del calendario, cubrirse los ojos, estirar la mano izquierda y apoyar un dedo sobre los números, abriendo los ojos para constatar cuál ha sido señalado. Rigen las mismas variables de par-negativo, impar-positivo, salvo que se trate de un día festivo, que significa «no se sabe».

Las lentejas

Consiste en hundir una mano en un recipiente con una buena cantidad de lentejas secas mientras se formula la pregunta que deberá ser respondida por sí o por no. Luego se abre el puño y se cuentan cuántas han sido cogidas por la mano. Si el total es par, la respuesta es negativa y si es impar, es positiva, aunque si el total es un número formado por uno par y uno impar (por ejemplo, 14, 32, 12) la respuesta es «no se sabe».

Existe otra variante consistente en sumergir diez lentejas en un recipiente con agua. Media hora después se vuelve a él y se comprueba cuántas de ellas permanecen en la superficie. Si las que se hallan arriba son más de las que yacen en el fondo, la respuesta es negativa. En caso contrario, es positiva.

Los cigarrillos

Este juego está relacionado con la salud, por lo que es útil después de haber realizado una visita al médico. Si se desea saber si la dolencia que se padece ocasionará trastornos o, por el contrario, desaparecerá en poco tiempo sin dejar secuelas, en el momento de coger el primer cigarrillo después de que el médico ya no esté presente, bastará con caber retintos cigarrillos quedan en el paquete después de haber retirado el que se va a fumar. Si el número es par, la respuesta es negativa, y positiva si es impar. Si se trata del último cigarrillo del paquete, equivale a «no se sabe».

El suelo

Mucha gente acostumbra a recorrer la habitación de un lado a otro mientras cavila, cuando debe adoptar una decisión de importancia. Si la presencia del azar puede resultar de ayuda en ese momento decisivo, se puede apelar a ella contando cuántos mosaicos, líneas de parquet, piezas que lo componen o franjas de moqueta cubren el suelo sobre el que se camina. Si el total es impar, la respuesta es positiva y si es par, negativa.

La foto

En este caso, la magia de los números puede ser utilizada para arrojar luz sobre cuestiones sentimentales. Si se posee una foto de la persona acerca de la cual se desea hacer alguna averiguación íntima, es preciso envolverla en un pañuelo de mano, de forma que puedan anudarse sus extremos de dos en dos. Luego, en el medio, se erige una columna con 7 monedas y se intenta desanudar el pañuelo y extenderlo completamente de manera tal que la columna de monedas vaya desplazándose paulatinamente hacia uno de sus extremos, hasta hacerla salir de su superficie sin que caiga una sola moneda. Para ello, es preciso realizar los gestos necesarios con serenidad y sin prisas. Por supuesto, al realizar la operación nunca deben tocarse con las manos i la foto ni las monedas. Si el pañuelo logra ser extendido sin que caiga una sola moneda, la respuesta es positiva, pero si el total de monedas de la columna da un número par, es negativa. Si el número de monedas caídas es impar, equivale a «no se sabe» y si caen dos monedas a la vez significa que las posibilidades de éxito dependen de una tercera persona.

La rueda de la fortuna

Este divertido pasatiempo que arroja la posibilidad de inquirir acerca de la respuesta que tiene reservado el porvenir, era
muy utilizado en Europa en el siglo XVI, donde se lo conocía con
el nombre de "Rueda de Pitágoras" pues se utilizaba una rueda
con letras y números a la que se le formulaban las preguntas
que debían ser respondidas por sí o por no. En la actualidad, el
método se ha simplificado bastante y para disfrutarlo basta con
apelar a una hoja del calendario.

El primer paso del juego consiste en pensar un número
cualquiera, al azar, y anotarlo en un papel. Cerrando los ojos,
se estira el brazo izquierdo y se apunta con el dedo a algún número del calendario. Se puntualiza qué número de día es aquel
en el que se está realizando la consulta y a qué número de día
corresponde en el calendario el número escogido, teniendo en
cuenta que lunes es 1, martes 2, miércoles 3, jueves 4, viernes
5, sábado 6 y domingo 7. Se agrega el número equivalente a la
inicial de quien consulta y realiza la suma. Si la cifra obtenida
da impar, el resultado es sí mientras que resulta no si el resultado
es par. Pero si el número final se halla compuesto por otros dos
iguales, la respuesta es «no se sabe».

Un ejemplo bastará para demostrar la sencillez del método.
Suponiendo que al comenzar el juego el primer número que
vino a la mente es el 19, que debe anotarse en un papel y que,
al escoger a ciegas en la hoja del calendario, se marcó el 10, es
preciso sumar 19 más 10. Pero si el 10 es domingo (valor 7) y
quien consulta se llama Bernardo (B tiene valor 6, como puede
verse en la tabla que se acompaña), la suma es:

19 (número anotado inicialmente)

10 (número señalado en el calendario, a ciegas)

7 (valor del día "domingo")

6 (valor de la inicial B de Bernardo)

Todo esto suma 42, que es número par. Por lo tanto la respuesta es negativa. Si hubiese sido 41 o 43, la respuesta era positiva. Si hubiese sido 44 (cifra compuesta por dos números iguales) era «no se sabe».

A continuación, se proporciona la tabla de valores de las letras (que se utilizarán como valores de las iniciales del nombre de quien consulta) para jugar a la rueda de la fortuna:

A: 4; B: 6; C: 26; D: 18; E: 12; F: 4; G: 21; H: 1; I: 11; J: 5; K: 16; L: 12; M: 19; N: 11; O: 9; P: 8; Q: 3; R: 14; S: 4; T: 6; U, V, W: 9; X: 13; Y: 2; Z: 3

A cara o cruz

Otro camino para averiguar el mensaje que el futuro aguarda a quien le interese conocerlo puede ser recorrido mediante cuatro monedas de curso legal. Bastará con agitarlas en la mano y lanzarlas al aire. Del resultado podrá extraerse el vaticinio.

Simbolizando cara (0) y cruz (X), las posibilidades de resultados son los siguientes:

1) 0000	2) 000X
3) 00X0	4) 0X00
5) X000	6) XXXX
7) XXX0	8) XX00
9) X00X	10) X0X0
11) 0XX0	12) 00XX
13) 0X0X	14) 0XXX
15) X0XX	16) XX0X

· Ricardo Herranz Barquinero ·

Las posibilidades 1 y 6 carecen de valor y significan que el interesado debe tirar nuevamente. La 7 lo exime de buscar significados a su tirada pues la suerte está totalmente de su parte y todo lo que emprenda en breve plazo estará signado por el éxito, pues se halla bajo un excelente influjo astral. El 14, en cambio, lo exime pero por motivos opuestos: la mala estrella incide sobre este momento de su vida y es conveniente que utilice la prudencia y la paciencia para pasar lo más rápidamente posible este mal momento. En el caso de las opciones 9 y 11, se recomienda al interesado que desista por el momento de interrogar a la suerte y lo intente en otra oportunidad porque su vida está pasando por una etapa de extraño inmovilismo, donde no aparece ningún tipo de cambio en el horizonte, al menos por el momento. Si sale la opción 5, el interesado debe ser muy cuidadoso en los próximos días porque es un funesto augurio, que advierte acerca de un peligro cercano.

Pero si al interesado le salen las opciones que llevan los números 2, 3, 4, 8, 10, 12, 13, 15 o 16, debe buscar el mensaje que le está asignado en la tabla de equivalencias que se acompaña:

La posibilidad 2 debe buscar el mensaje 5

La posibilidad 3 debe buscar el mensaje 7

La posibilidad 4 debe buscar el mensaje 9

La posibilidad 8 debe buscar el mensaje 8

La posibilidad 10 debe buscar el mensaje 4

La posibilidad 12 debe buscar el mensaje 3

La posibilidad 13 debe buscar el mensaje 2

La posibilidad 15 debe buscar el mensaje 6

La posibilidad 16 debe buscar el mensaje 1

Mensaje n.º 1: Una situación difícil podrá revertirse mediante la inteligencia y la habilidad. Nunca se obtendrá nada fácil sino mediante el tesón y la voluntad indomeñable de alcanzar el objetivo.

Mensaje n.º 2: No se debe desconfiar tanto de los demás sin meditar en qué medida la propia conducta no es también desconfiable. Si se supera el temor a los cambios y se obra con mayor lealtad, se obtendrá un anhelado reconocimiento.

Mensaje n.º 3: No siempre la paz es la dicha. Es preciso atreverse a superar la prudencia y la rutina. Es un momento apropiado para poner una cuota de aventura en la monotonía de la vida cotidiana.

Mensaje n.º 4: Una mayor dedicación al hogar y a los asuntos del corazón deparará la insólita bonificación de una mejora en la situación general, incluyendo el área de trabajo.

Mensaje n.º 5: Los sueños son placenteros pero resulta peligroso confundirlos con la realidad. Ha llegado la hora de poner los pies en la tierra y esforzarse por aplicar el mayor sentido común a todo.

Mensaje n.º 6: El afán por superarse impide mirar a los demás con la misma importancia con que se ven los propios asuntos. El control del propio egoísmo puede deparar gratificantes reconocimientos.

Mensaje n.º 7: Hay indicios de éxito cercano. Pero la abulia, la indiferencia, el temor al compromiso no resultan buenos compañeros de jornada para apoyarse y obtener lo que se desea.

Mensaje n.º 8: Darle menos importancia a lo que no lo tiene y respetar el equilibrio emotivo de las personas cercanas puede ser la receta perfecta para disfrutar de una vida muy dichosa.

Mensaje n.º 9: Cuando se inicia la lucha por el poder, es importante tener claro el precio que se debe pagar por obtenerlo y que, a menudo, es más alto que lo que el poder mismo puede proporcionar.

El I-Ching

A diferencia de muchas mánticas adivinatorias, este antiquísimo juego chino requiere de un especialista para desvelar las profecías que encierra, dada su extremada complejidad. Porque más allá de un sistema de prospección del porvenir, consiste en una visión global del mundo y de la vida humana.

Este fascinante enigma lógico es uno de los textos más antiguos con los que cuenta la humanidad. Occidente tuvo la primera noticia de su existencia en el 1300 cuando Rusticello de Pisa escribió el Libro de las Maravillas del Mundo, en el que describía las aventuras de Marco Polo por su trajinar por Oriente y dejaba constancia de la existencia de este sistema de adivinación. Pero no fue hasta el siglo XVI en que Europa se interesó por este sistema adivinatorio cuyo origen se pierde en las tinieblas de los tiempos primitivos. Y, es más, ya 1100 años antes de Cristo, los emperadores chinos lo utilizaban con frecuencia.

En su origen, el I - Ching consta de cinco libros explicatorios, más diez apéndices (atribuidos a Confucio). Su nombre significa Libro de las Mutaciones. Se basa en el concepto cósmico de que el sistema vital consta de dos principios, el receptivo (Ying) y el creador (Yang). En los comienzos, Los especialistas operaban con ramitas de aquilea. Tras hacer los cálculos, traducían los resultados en forma de líneas continuas si el resultado era impar (-) o discontinua si era par (--). La operación cesaba cuando se formaba una figura con 6 líneas superpuestas, un Kua, un hexagrama.

Al comienzo, el I-Ching se componía de 8 trigramas cuya lectura de izquierda a derecha permitía conocer el presente y la lectura de derecha a izquierda arrojaba luz sobre el futuro.

Puesto que existían trigramas con líneas solamente continuas o alternadas en diversas ubicaciones, colocaban los trigramas en forma de octaedro y trazaban una línea que separaba los trigramas masculinos o Yang (cuya última línea era continua) de los femeninos o Ying, cuya última línea aparecía quebrada.

Según la tradición, el rey Wen de la dinastía Kau, unió dos trigramas y los convirtió en un hexagrama, dando nacimiento a las figuras hexagramáticas que han perdurado hasta el presente. A través de simples combinaciones de par e impar fue posible construir:

2 X 2 X 2 X 2 X 2 X 2 = 64 hexagramas.

Cada hexagrama contiene un significado, pero su composición no es independiente. Cada uno va generando el siguiente (de allí las mutaciones a las que alude el nombre del juego) y su lectura se va realizando línea por línea. De acuerdo con el lugar en el que está ubicada la línea y si es continua o discontinua, así como al lugar que ocupa el hexagrama al que pertenece, da cuerpo a su significado. Pero si el hexagrama sólo se compone de líneas estáticas, la interpretación se hace del conjunto.

Los hexagramas se componen de 2 trigramas, el interior que es el que se halla ubicado abajo y el exterior que es el que está arriba. La composición de los hexagramas del interesado de acuerdo con los cálculos obtenidos por las varillas de la planta de aquilea, constituyen una antigua tradición que, en la actualidad, ha sido sustituida por un método más rápido: el adivino proporciona al interesado 3 monedas agujereadas en su centro que poseen sólo una cara grabada. Esta cara es considerada Yin, es decir pasiva, par = 2. La cara lisa es la activa, el impar, Yang = 3. El interesado arroja las monedas al aire y según la cifra que se obtiene el resultado es «femenino» o «masculino» y, por lo tanto, el tipo de línea que se trazará. Al repetir esta operación seis veces, queda trazado el primer hexagrama.

La interpretación de estas figuras emblemáticas es singular-
mente compleja, a punto tal que los propios expertos consultan
los apéndices interpretativos para dar la explicación solicitada. Las
respuestas no son directas, no se habla frontalmente de la salud,
el dinero o los celos sino de «lo insondable, el agua, lo suave, el
viento, la madera» y metáforas parecidas. Gracias a la pericia del
experto se lograrán descifrar estas metáforas y convertirlas en un
mensaje inteligible y útil para el consultante.

SOÑAR CON NÚMEROS

La oniromancia o adivinación del futuro a través del análisis e interpretación de los sueños es una de las mánticas más antiguas que se conocen. Desde los sumerios y los etruscos hasta nuestros días, es posible hallar esta técnica difundida en todas las culturas, todos los tiempos y todas las latitudes. La importancia fundamental de la libre expresión del inconsciente en el sueño es tanta que la ciencia, a través del psicoanálisis, la ha incorporado como material de trabajo de gran importancia.

Dentro del extenso terreno que ocupa la oniromancia, uno de sus apartados es el área numerológica. Con frecuencia la gente suele decir a quien quiera oírlo que no sueña nunca, confundiendo de este modo que no recuerda qué es lo que soñó y creyendo por ello que no ha soñado. Lo que en realidad ocurrió es que el inconsciente ha puesto barreras, ha borrado la actividad desarrollada en la vigilia, para que luego no pueda ser reconstruida por la conciencia. Del mismo modo, se suele decir que no se sueña con números.

Si se toma la costumbre de dejar un papel y un bolígrafo junto a la mesilla de noche y anotar lo que se recuerda del sueño tan pronto como se ha despertado, con frecuencia podrán rescatarse los números aparecidos durante el libre fluir de la inconsciencia, es decir, el sueño. Con frecuencia los números aparecen claramente «visibles» y hasta escritos sobre alguna superficie. Pero con mucha frecuencia, los números se integran en el discurso verbal. En sueños hablamos, discutimos, hacemos planes o intercambiamos información con gente que amamos o que detestamos y con gente que nos resulta desconocida. En los fragmentos de estos diálogos que logren reconstruirse al despertar, es preciso bucear para hallar los números soñados. De pronto alguien ha comentado «es la tercera vez que te llamo por teléfono...» o «queda a 50 km de la ciudad de...» o bien «me acuerdo que a los 14 años...»; es decir, los números han aparecido en el sueño, aunque encubiertos.

Pero también es posible que no suceda ni una cosa ni la otra, que no aparezcan ni visibles ni encubiertos. En tal caso, se recomienda concentrarse en cuál fue el objeto o persona más importante de lo que se recuerda del sueño y analizar si existe algún aspecto numérico que sale de lo común y está en discordancia con la realidad. Esto no quiere decir que cualquier objeto recordado puede ser traducido a números. Obviamente, si se sueña con un portavasos con capacidad para 6 vasos, no parece muy viable suponer que se ha soñado con el número 6, porque lo frecuente es que los portavasos contengan 2 o 6 vasos. Pero si se ha soñado con un portavasos con capacidad para 5 u 11 vasos, es un elemento a tener en cuenta pues en el plano de la realidad resulta muy poco probable que quien lo soñó haya visto alguna vez en su vida un objeto de ese tipo con capacidad para 5 u 11 vasos, sencillamente porque no se fabrican en ninguna parte. Este criterio riguroso debe presidir el análisis del sueño, pues si se quiere buscar un número a cualquier precio, por supuesto que será posible hallarlo, pero se distorsionará la suerte y el mensaje del futuro que pueda recibirse carecerá de valor real.

La tradición popular ha decretado que, cuando se sueña con un número, es señal que se debe jugar a la lotería, la ruleta o cualquier otro juego de azar. Así, si se sueña con el 47 o el 48 (según los países) se considera que un muerto querido, desde el más allá, aconseja jugar a estos números para ganar. La fiebre especulativa llega a tal punto que mucha gente supone que basta con soñar con el símbolo de un número para creer que hay que jugar a dicho número. De este modo, si se sueña con patos, hay que jugar al 22 porque en la jerga popular, a este número se le llama «los dos patitos» por su grafismo. La realidad es que los números que aparecen en el sueño responden a procesos inextricables del inconsciente, de los que no se hallan ajenas las actividades que se desarrollan durante el día. Resulta obvio que una persona que realiza tareas en las que los números desarrollan buena parte de su actividad (como los contables, los empleados de banca, etc.) soñará con más frecuencia con números que un fotógrafo, por ejemplo, para el cual los contrastes, las sorpresas visuales y los encuadres aparecerán con más asiduidad en la vigilia. La rigurosa tarea científica que viene desarrollándose en este siglo para el desciframiento de los sueños aún no ha logrado ofrecer respuestas concluyentes acerca del papel que juegan los números en la actividad inconsciente.

Por lo que se sabe hasta ahora, parece probable que los números del sueño están relacionados con fechas, simbolizan o remarcan días, meses, años, momentos importantes en la vida de quien está soñando. Por ello, aun cuando sea posible acertar a los juegos de azar con un número soñado, su verdadera importancia radica en el contenido que cada número posee como valor simbólico. Los expertos en el tema coinciden en que los significados más probables son los siguientes:

0: Mal augurio. Un proyecto en el que se tenían depositadas grandes esperanzas fracasará y sus consecuencias serán amargas y depresivas.

1: El éxito llegará tal como se desea si se opera con sagacidad. Es preciso diversificar intereses y no jugarlo todo a cara o cruz.

2: Lágrimas. Desengaño amoroso o rencilla familiar, palabras hirientes o secreto desvelado que hubiera sido mejor no conocer. Si también se ha soñado con el 7, el augurio queda neutralizado.

3: Excelente augurio. Número de suerte. Anuncia una etapa de dicha, de éxitos. Es un número que asegura también la feliz consecución de un viaje o que informa que una enfermedad a la que se teme podrá ser curada.

4: Oportunidad para los juegos de azar. Conviene arriesgarse a favor de los números pares o de terminación par. Además, anuncia éxito para emprender empresas arriesgadas en las que la suerte juega su parte.

5: Apropiado para viajar por razones de negocios o dinero, pero negativo si se trata de un amigo o familiar que viene de regreso de un viaje pues traerá una mala noticia o se comportará de un modo hiriente.

6: Cambios en la situación profesional, vinculado con modificaciones en la administración del dinero. Si se trata de un ascenso en el trabajo acarreará envidias y disgustos en personas cercanas. Prudencia.

7: Buen augurio para la salud y, sobre todo, para los asuntos del corazón, pero advertencia en el área laboral, donde pueden surgir dificultades de importancia.

8: La mala administración ocasionará problemas de dinero. Gastos inesperados, desequilibrio del presupuesto, amargura, inquietud, dolor.

9: Buenas perspectivas sentimentales si no se actúa precipitadamente.

10: Problemas con la salud. Existe un malestar en el organismo al que no se le asigna la importancia que requiere. Convendría solicitar hora al médico de confianza, pues no se trata de algo grave si se encara a tiempo, pero puede traer complicaciones.

11: Es importante superar el miedo a tomar decisiones y asumir las responsabilidades. Sólo así se podrá alcanzar el éxito que se anhela.

12: Noticias provenientes de un religioso. Casamiento, entente o bautizo cercano. Algo vinculado con iglesias, con cementerios, con pensamientos místicos.

13: Cuidado con los juegos de azar, no es el momento para incitar a la suerte ni tampoco para arriesgarse en aventuras peligrosas. Peligro de accidente con objetos en punta, con caballos, con la oscuridad.

14: Ha llegado el momento de lanzarse al cambio que se ambiciona. Momento favorable para viajar, para cambiar de trabajo o de vivienda, para trasladarse de una ciudad a otra, de un país a otro. Favorable también para romper con ataduras que ya nada representan en lo afectivo.

15: Una incidencia permitirá conocer la traición que tramaba alguien que actúa como si fuera un amigo y protegerse a tiempo. Es alguien joven, de apariencia agradable, pero sin escrúpulos.

16: Fracaso, contrariedad, problemas, debido a un imprevisto. Mal momento para los negocios y posibilidad de rencillas en la vida de familia.

17: Hay un proyecto con el que se cuenta pero que, por el momento, no saldrá adelante. Será preciso trabajar más duramente y apelar a la paciencia y a la perseverancia para superar las dificultades.

18: Problemas de salud derivados de un descuido irresponsable del propio organismo. También significa noticia de enfermedad de importancia de alguien que vive lejos y no tiene adecuada cobertura médica.

19: Sorpresa muy agradable. Llega una carta o un mensaje desde fuera del hogar que proporciona alegría y contribuye favorablemente a alcanzar el éxito y la felicidad a toda la familia.

20: Una persona mayor o el recuerdo de alguien desaparecido, proporciona un consejo que debe seguirse, pues facilita la concreción de un proyecto que se anhela con mucha intensidad.

21: Trastornos nerviosos, rencillas, peleas, falta de humildad para reconocer los propios errores, comportamiento desatinado. Prudencia.

22: El análisis detallado y el equilibrio en el juicio servirán para resolver un problema que parece insoluble. Es tiempo de calmarse y usar la cabeza para dar con la respuesta adecuada.

23: El azar favorece las grandes decisiones en el campo sentimental. El amor se halla cerca o bien la felicidad, que no tardará en inundar el corazón.

24: Triunfo formidable relacionado con cuestiones profesionales, justo reconocimiento a una actitud leal y ecuánime.

25: La ayuda de un amigo llegará cuando menos se la espera y traerá alivio. También puede tratarse de un familiar, pero de edad cercana a la de quien ha soñado dicho número.

26: Es el número de las sorpresas, los imprevistos, lo inesperado. Generalmente se lo asocia con hechos negativos, pero también es posible esperar que el imprevisto que se presente despierte alegría.

27: La obstinación hace ver como viable un proyecto que en realidad es poco conveniente y de remota realización. Si se lo analiza con sentido común y realismo se podrá advertir que no vale la pena seguir apoyándolo. Reconocerlo a tiempo significará ahorrar tiempo y energía que podrá invertirse en empresas con menos riesgo.

28: Noticias excelentes llegan desde lejos. Están relacionadas con el hogar o con la familia, pero provocarán felicidad.

29: Se hace necesario superar la propia inseguridad, perder el temor y enfrentar las responsabilidades. Ningún negocio puede avanzar adecuadamente si su responsable actúa con apatía e indiferencia.

30: Ha llegado el momento de detenerse y meditar acerca de los negocios y cuestiones de dinero para imponerles un nuevo derrotero. No hacerlo ahora significará enfrentarse son graves problemas en breve plazo.

31: Oportunidad propicia para aclarar un malentendido. Si se actúa con equidad, podrá descubrirse si hubo o no mala intención de la otra parte. La suerte favorece las reconciliaciones.

32: Familiares o allegados enfrentarán un grave problema y solicitarán opinión y consejo. Es importante ayudarles y no rehuir la responsabilidad que impone el afecto.

33: Es el número de la esperanza, que arroja luz sobre lo oscuro que se creía indescifrable, que da una oportunidad a lo que se consideraba ya perdido, que ofrece una nueva oportunidad.

34: Augurio muy propicio. Anuncia una etapa muy afortunada, cambios favorables y éxito en todo lo que se inicie.

35: Una calumnia causará daño innecesario. Quien la invade lo ha hecho por envidia. Servirá para demostrar los verdaderos amigos y los que actúan por interés.

36: No se debe tentar a la suerte arriesgándose más de lo necesario. Prudencia con la velocidad en los viajes en coche de larga distancia.

37: Alguien menor de edad se enfrentará a un problema de importancia y solicitará ayuda.

38: Buen momento para construir, edificar, realizar transacciones con inmuebles, comprar, vender o alquilar.

39: Viaje afortunado cuyas imprevisibles consecuencias modificarán el futuro de un modo muy favorable. Pero si un ser querido llega desde lejos, significa que su estancia será muy dichosa.

40: Solamente si se confiesa el error y se admite la equivocación las cosas retornarán a su cauce habitual y reaparecerá la paz.

41: Alguien que llega desde lejos traerá desazón e irritación a través de comentarios malévolos y chismorreos innecesarios.

42: Posible viaje en avión o aparición de alguien que desempeñará un papel de importancia y cuya actividad está relacionada con la aeronáutica.

43: Buen momento para los juegos de azar.

44: Si se aplica sagacidad e inteligencia en el esfuerzo, se pueden vislumbrar los caminos que conducirán a la victoria tan deseada.

45: La influencia de una persona importante decidirá de modo favorable un asunto pendiente, probablemente relacionado con leyes.

46: Trampa o traición, probablemente en el campo laboral. Es una época en la que conviene extremar la prudencia.

47: No es el momento adecuado para confiar en la intuición sino en la fundamentación de los proyectos. Posible pérdida de dinero.

48: Una persona mayor prestará una ayuda inestimable. Buen momento para los juegos de azar.

49: Conviene ser precavido. Llegan tiempos difíciles en el plano económico. No es buen momento para realizar inversiones.

50: Reconciliación, distancias que se acortan, dificultades que se allanan, confusiones que pueden aclararse de una buena vez.

Esta es la tabla básica de los mensajes que pueden obtenerse al soñar con números. Si la cifra que emite el inconsciente no aparece en ellos, se acostumbra a sumar los números que la componen (por ejemplo 4626 se descompone en 4+6+2+6 = 18) y buscar su resultado (en este caso se buscaría el significado asignado a 18).

Días buenos y malos

Según los egipcios, soñar con números aseguraba un día fausto o infausto de acuerdo con la fecha en que tal cosa ocurriera. De este modo, un mensaje positivo proporcionado por el número podría atenuarse si se sonó en un da infausto o resultar aún mejor si el día fuera propicio. Asimismo, estas fechas señalan solamente el signo positivo o negativo del día siguiente a la noche en que se soñó, mientras que el presagio alcanza a un cierto plazo breve a partir del momento del sueño pero que, como es lógico, excede las 24 horas siguientes al sueño. Por otra parte, si se tiene conciencia de haber soñado con un número pero luego el consciente no puede identificarlo, esta tabla servirá, al menos para orientar si el día que se inicia es o no propicio.

La tabla comprende los días faustos e infaustos de todo el año, dividida por meses. La traducción al calendario actual es la siguiente:

Enero: Favorables: 1-19-27-31, Desfavorables: 13-23

Febrero: Favorables: 7-8-18, Desfavorables: 1- 10-17-22

Marzo: Favorables: 3-9-12-14, Desfavorables: 13-19-23-28

Abril: Favorables: 5–27, Desfavorables: 10-20- 29-30

Mayo: Favorables: 1-2-4-6-9-14, Desfavorables: 10-17-20

Junio: Favorables: 3-5-7-9-12-13, Desfavorables: 4-20

Julio: Favorables: 2-6-10-23-30, Desfavorables: 5-13-27

Agosto: Favorables: 5-7-10-14-19, Desfavorables: 2-13-27-31

Septiembre: Favorables: 6-10-15-18-30, Desfavorables: 13-16-23

Octubre: Favorables: 13-16-23-31, Desfavorables: 3-9-27

Noviembre: Favorables: 8-13-23-30, Desfavorables: 3-25

Diciembre: Favorables: 10-20-29, Desfavorables: 13-28-31

Soñar con el 13

El número 13 ha concentrado en sí tantos significados ocultos que hasta los onirólogos o estudiosos de los sueños como material de interpretación del futuro le han concedido una importancia especial. Además de los significados ya transcritos, es tradición desde la Edad Media que, de acuerdo con el día en que se lo sueñe, conlleva en sí un augurio propicio o funesto. De modo que, quien sueñe con dicho número tendrá que observar en qué día del mes se ha producido el sueño pues de ello dependerá que reciba un vaticinio de buena o mala suerte. En este caso no importa el mes sino sólo el número del día en que se ha aparecido el mágico 13 en el mundo de los sueños.

Días favorables para soñar con el 13:

1-2-3-4-7-9-11-13-14-20-26-27

Días desfavorables para soñar con el 13:

5-6-8-18-24-25-28-29-30

Los sueños y el azar

La relación entre soñar con números y los juegos de azar, entran más en el terreno de la tradición popular que en el de la investigación científica. Sin embargo, la astrología ofrece propuestas a través de las vibraciones que desprende cada número, de acuerdo con el signo zodiacal que rige en el momento en que ha aparecido en los sueños.

De manera meramente informativa, se reproduce a continuación una tabla de conveniencias para los juegos de azar. Si se ha soñado con un número determinado en ciertas fechas del año, el zodíaco sostiene que existen mayores posibilidades de acertar.

Así, bajo la influencia de Aries (21 de marzo al 20 de abril) conviene jugar si se ha soñado con los números 33 o 44. En tauro (21 de abril al 20 de mayo) se debe apostar por el 60 o el 71 si se ha soñado con ellos en dicho lapso. Géminis (21 de mayo al 20 de junio) resalta al 57 y al 52. Si bajo el signo de cáncer (21 de junio al 20 de julio) han aparecido en sueños los números 11 o 24, conviene jugarles. Leo (21 de julio al 20 de agosto) favorece en su tiempo de influencia a quienes soñaron con el 40 o el 73. Para virgo (21 de agosto al 20 de septiembre) los números señalados son el 64 y el 21. Libra (21 de septiembre al 20 de octubre) derrama su suerte a quienes soñaron con el 84 o el 32 en su tiempo de vigencia. El lapso en que rige escorpio (21 de octubre al 20 de noviembre) vuelca a su favor el azar a quienes soñaron con el 93 o el 66. Sagitario (21 de noviembre al 20 de diciembre) favorece al 75 y al 47. La suerte señala a los que, bajo el signo de capricornio (21 de diciembre al 20 de enero), han soñado con el 31 o el 93. En el tiempo de acuario (21 de enero al 20 de febrero) conviene jugar al 38 o al 22. Finalmente piscis (21 de febrero al 20 de marzo) favorece a los que han soñado con el 66 y el 77.

LOS NÚMEROS NOS DICEN CÓMO SOMOS

Las mánticas que se apoyan en números para realizar su tarea profética no sólo comprenden sistemas de adivinación de lo que vendrá. Existen algunos sistemas que no hablan específicamente del porvenir sino que se refieren al presente de quien consulta y, por supuesto, también a su pasado de manera indirecta, en la medida en que el presente de cada ser humano también se conforma de todo lo que ha vivido hasta entonces. Estos métodos son muy variados: algunos resultan sencillos juegos de entretenimiento para pasar el rato. Otros, poseen una lógica científica rigurosa. Unos y otros, sin embargo, resultan apasionantes para definir la personalidad humana.

Onomancia

El nombre de este arte adivinatorio se aplica a toda mántica que opere con las letras que componen el nombre de la persona que lo consulta. Sin embargo, una de sus técnicas es la que ha terminado por identificarse con su nombre. La onomancia es un derivado de la aritmología, sistema que, como ya se dijo, utiliza los conocimientos aritmológicos para descifrar el destino del hombre. De la onomancia deriva la anagramatomancia, antiquísima mántica ya en desuso que componía anagramas de nombres dados hasta formar con sus letras palabras coherentes para integrar un mensaje, siguiendo una técnica bastante estricta.

La metodología de la onomancia es muy sencilla puesto que cada letra del alfabeto ha sido equiparada a un valor numérico y de este modo, en los tiempos actuales, se ha logrado poner al alcance de todos, una técnica que, en el pasado, asombraba por su complejidad. Esta mántica, cuyo origen se remonta al siglo Ill a. C., fue muy popular entre los griegos, los hebreos y los egipcios. Los pueblos fenicios apelaban a ella ante cada nacimiento pues en la elección del nombre del recién nacido intervenían sus equivalentes numéricos.

El método actual se basa en la traducción del nombre a valores numéricos establecidos de acuerdo a los que se utilizaban en la Cábala y que son los siguientes:

A: 1; B: 2; C: 90; D: 4; E: 5; F: 80; G: 3; H: 8; I: 10; J:70; K : 20; L: 30; M: 40; N: 50; Ñ: 11; O: 6; P : 80; Q : 100; R : 200; S: 60; T: 9; U: 6; V: 2; W: 6; X: 17; Y : 10; Z: 7

El método consiste en anotar sobre un papel el nombre y el primer apellido del interesado, transcribirlo en cifras y realizar la suma. Como el resultado sólo es computable de 1 a 9, es preciso sumar las cifras entre sí hasta alcanzar otra que se halle entre 1 y 9. Entonces bastará con consultar la interpretación de la personalidad en la tabla caracterológica.

Para ejemplificar, se utilizará un nombre arbitrario:

C A R I D A D

90 + 1 + 200 + 10 + 4 + 1 + 4

C O R R E A

+ 90 + 6 + 200 + 200 + 5 + 1 = 812

Pero como sólo puede darse una cifra de 1 a 9:

8+1+2 = 11 y 1+1 = 2 que es el número buscado.

Tabla caracterológica

1: Revela una personalidad fuerte, sólida, segura de sí misma, con una ruta trazada a la que sigue sin alteraciones, sin dejarse tentar por los atractivos del camino y sin oír los cantos de sirena. Para alcanzar su objetivo no se detiene a considerar el daño que puede ocasionar a otros y, si se le obliga a reconocerlo, en su interior rápidamente encuentra justificativos y sigue adelante sin modificar su comportamiento. Esta tendencia egocentrista debe ser controlada pues, en caso contrario, este tipo de personalidades terminan aisladas del mundo o con amistades superficiales pero sin aquel amigo de verdad con el que se puede contar en los momentos difíciles. Tendencia reprimida hacia lo místico, amor a los padres apoyado en el sentido utilitario, como si se tratara de un intercambio de bienes y posesiones. Dificultad en expresar los efectos y exteriorizarlos y tendencia a manifestar amor a través de regalos, de objetos, vinculando siempre afectos a posesiones. La vida social y la vida afectiva son cultivadas en la medida en que no se opongan a sus intereses profundos. Es una personalidad sensual, capaz de degustar los placeres de la vida, pero no muy apasionada sexualmente; inteligente, intuitiva, sagaz, hábil para defenderse y contraatacar. Su mayor riesgo es la depresión y la soledad así como el fracaso en su ambición. Es muy importante luchar contra el egoísmo, aprender a respetar a los demás y asegurar el éxito considerando que nunca resulta un negocio brillante jugárselo todo a una sola carta.

2: Pertenece al tipo de gente alegre, comunicativa, simpática, muy sociable, para quien la vida del hogar, la pareja y las buenas relaciones familiares resulta imprescindibles. Esta personalidad necesita como el agua el éxito social, tener buenos amigos, conocer gente influyente, alcanzar forma de popularidad, que el maitre le salude al entrar al restaurante habitual, que los propietarios propongan su nombre como presidente del consorcio, que los compañeros le soliciten que dirija el equipo del colegio. Es vanidoso, se valora por encima de su valor real, se muestra ante los ojos de los demás potenciando sus virtudes y disimulando sus defectos y con frecuencia tiene relaciones conflictivas con sus jefes o todos aquellos que signifiquen autoridad. Esta personalidad carente de humildad construye como un actor una máscara social con la que cubre su yo íntimo. No siempre hay sinceridad en su conducta. Se trata de una persona muy insegura que necesita reafirmarse a través de la aprobación de los demás, a quienes consulta con mucha frecuencia acerca de los temas más variados, aunque luego hace lo que se le ocurre. Es muy sensible y vulnerable, por lo que resulta fácil vencerle. Sin embargo, es difícil que presente batalla frontal. Tratará de llevar adelante sus planes silenciosamente, sin llamar la atención, asegurándose de esta manera que no padecerá obstáculos. En los buenos momentos es un amigo encantador y generoso, ocurrente y lleno de iniciativas. Su afectividad es muy intensa, se enamora con facilidad, se entrega plenamente y en el campo sexual es un excelente compañero pues se esfuerza mucho por proporcionar placer. Si logra comportarse con mayor sinceridad, ser más humilde y controlar su facilidad a cambiar sus estados de ánimo según la actitud de los demás, puede alcanzar un equilibrio emocional que le proporcionará la dicha que busca.

3: Se trata de un individuo solitario que sin embargo asigna un gran valor a la amistad. Pero su extremada introversión y su frecuente timidez le crean dificultades para relacionarse con los demás; la falta de ambiciones sostenidas es otra de sus características. Tiende a creer en los demás en cuestiones de amistad y a desconfiar excesivamente en asuntos amorosos. A esta caracterología pertenecen los maniáticos, los extremadamente minuciosos, los que se sienten mal si la casa no se halla en perfectas condiciones de orden y aseo. Suelen vivir solos desde temprana edad y, si no se casan jóvenes, luego tienen gran dificultad de establecer una familia. Sus relaciones difícilmente son prolongadas y su temor a sufrir es tan grande que prefieren cortar un vínculo antes que vivir padeciendo el miedo y el abandono. No son generosos y controlan hasta el detalle el manejo de la economía. Tendencia a la investigación, al análisis de los mecanismos de los sistemas, con frecuencia facilidad para las tareas manuales. No tienen características sexuales definidas; los hay amantes excelentes y los hay mediocres, pero generalmente sorprenden en la intimidad con un apasionamiento que rara vez se trasluce en la vida de relación. Es poco probable que alcancen posiciones destacadas pero si lo hacen, uno de sus atributos es la capacidad de administrar el poder de manera ecuánime. Como generalmente no son comprendidos por los demás y criticados con cierta severidad, es preciso que superen su introversión y se muestren ante los ojos de los otros tal como son para poder ser aceptados plenamente.

4: Si quien integra esta caracterología no es un viajero constante o no ha sentido aún el impulso irrefrenable de viajar le sucederá en poco tiempo, pues esta cifra define a los espíritus inquietos, aventureros, que corren en pos de las emociones fuertes. Caracteres morbosos, de sensualidad intensa, ansiosos por probarlo todo, sin conciencia de los límites, apasionados en el amor pero infieles y de una afectividad poco profunda, ansiosos por el cambio y la novedad, que aman las dificultades y todo lo que entraña una transformación, un problema a resolver. Curiosamente, este tipo de personalidad en apariencia tan móvil suele acompañarse por un sólido criterio de realidad. Gracias a él alcanzan las metas que desean. Notables atributos para el comercio, la venta, las relaciones públicas, las manifestaciones artísticas visuales y escasa capacidad de concentración. Tendencia a aburrirse rápidamente y a exigir de manera desmesurada de los demás dando por seguro siempre que se entregan a los demás con mayor intensidad que los otros. Autovaloración excesiva disimulada por una buena disposición para el juego social y comportamientos omnipotentes que suelen depararles reveses que nunca admiten en público. Son vulnerables a la tentación de lo imprevisto y sufren intensamente si se los menosprecia. Socialmente se muestran como personas agradables y exitosas pero superficiales y poco imaginativas, La mejor receta para equilibrar los impulsos de la personalidad y superar la profunda frialdad que la caracteriza consiste en instalar una cuota de romanticismo en la vida de todos los días y en el aprendizaje de las cosas sencillas.

5: La característica más sobresaliente de este tipo de personalidad es la riqueza perceptiva y la profunda sensibilidad, que es muy apta para disfrutar la belleza, las artes, la filosofía, el saber, el conocimiento. Se trata de un espíritu inquieto, que ama los viajes, los paisajes, el contacto con la naturaleza, que nunca se conforma con lo aparente y tratar de analizar y comprender las razones profundas que yacen en todas las cosas. Su inteligencia, sin embargo, no los salva de comportarse de un modo desconsiderado con los demás. Son muy egoístas en las relaciones, sutilmente posesivos en la relación sexual e inusitadamente pobres en el análisis sincero de sus propias conductas. Se enfadan con frecuencia, tienden a perder la noción de límite de resistencia de los demás y se vuelven fatigosos. Impulso a verbalizar frases hirientes o a destacarse socialmente humillando a los adversarios. No suelen tener muy desarrollado el sentido de la piedad y sienten un rechazo atávico por los débiles, acaso para ocultar su propia debilidad latente. Es un tipo de personalidad bastante desconcertante para los allegados pues se muestra habitualmente como un espíritu apacible y refinado, amable y conciliador que, de pronto, estalla y adquiere comportamientos hostiles, desconsiderados y desagradables. Afectivamente son inestables e infieles. Quienes llevan este número en su nombre suelen ser solitarios, nunca se casan o cambian de pareja con facilidad sin detenerse a meditar en el daño que ocasionan a ese tipo de personas que viven envidiando a los amigos solteros y que consideran que la familia ha sido la causa que les impidió triunfar en la vida. Tienen mucha dificultad para admitir su responsabilidad en sus fracasos, por lo que la inteligencia y la sensibilidad pueden servir para tener una mirada más justa acerca de sí mismo y admitir que el destino individual depende un poco del azar sobre todo de la propia conducta que es la que lo determina.

6: Las estrellas de cine, las divas, los escritores famosos, los grandes anfitriones, el seductor, la vampiresa irresistible, el líder político, el humorista exitoso, el amigo infaltable para hacer una reunión más divertida, suelen pertenecer a este tipo de personalidad. Se trata de gente magnética, con una capacidad natural para atraer a los demás y seducirlos. Tras su brillante juego social se oculta una ambición feroz, despiadada, que no conoce límites y que no se detendría ante nada ni ante nadie para alcanzar el objetivo. En el plano sexual, se advierten tendencias al sadismo y a la renovación de experiencias, aun admitiendo el sufrimiento físico. A pesar de su intensa relación con los demás, en el fondo sus sentimientos son mucho menos intensos de lo que aparentan pues son escépticos afectivamente y tienen una mirada bastante dura acerca del género humano, en el que no dejan de incluirse. Vengativos, rencorosos, tan implacable para juzgar a los otros como a sí mismos, rara vez pierden el control de la situación cuando hay testigos. Aun cuando no se caractericen por poseer una inteligencia excepcional, resulta prácticamente imposible dejarlos malparados delante de los demás pues rápidamente urden una respuesta o un gesto que neutraliza la situación. Suelen poseer bastante talento en las actividades artísticas que impliquen la participación de los demás, como el teatro o la canción. Son desconfiados porque en el fondo sienten pavor a no ser suficientemente queridos y reconocidos. Les horroriza perder, fracasar, no sobresalir. Suelen ser generosos y hasta espléndidos, exquisitos cocineros y expertos en vinos y bebidas. En la intimidad, son inseguros de sí mismos e indecisos. Si logran superar su escepticismo respecto de los demás y controlar su ambición desmedida, pueden alcanzar el equilibrio.

7: Suelen ser personas correctas y agradables que se transforman radicalmente cuando se declara la batalla de los sexos. Sienten una pasión irrefrenable por la conquista. Se burlan del concepto de fidelidad y tienen su propia tabla de valores respecto de la pareja y de los vínculos afectivos. Como amigo, en cambio, resulta excelente y generoso y se puede contar con él en los momentos difíciles. Sus ambiciones terrenales son escasas y con frecuencia se desentiende de ellas. Su inteligencia y su habilidad se concentran en seducir, en acumular nombres en la agenda telefónica por lo que son amantes irreprochables desde el punto de vista técnico pero poco apasionados sexualmente. Su preocupación consiste en realizar un trabajo deslumbrante, pero no para despertar amor sino por pura egolatría. Suelen ser discretos, románticos, frívolos, tímidos en apariencia y de conversación agradable. Les gusta mucho viajar y se especializan en lugares remotos y exóticos. No soportan el lugar común y son capaces de superar la timidez e incurrir en alguna excentricidad con tal de sobresalir. Su sentido práctico es inobjetable y nunca pierden el criterio de realidad. Tendencia al enriquecimiento sin esfuerzos que generalmente desaprovechan pues el dinero no figura entre sus intereses primordiales. Suelen tener conflictos con los padres y abandonar el hogar paterno a edad temprana. Esta personalidad en apariencia inestable pero en lo profundo mucho más sólida de lo que aparenta suele transformarse al llegar la madurez y replantear la relación familiar en términos más amistosos y conciliadores. Es el tipo de gente que suele asentarse y establecer una familia en la edad madura, donde se destacan por ser excelentes padres. Cuando se casan se convierten en maridos fieles, acaso para diferenciarse de la vida que llevaron anteriormente. Son apáticos y poco empeñosos y adoran dormir mucho, pasar unas horas sin hacer nada y los desayunos en la cama. Su mayor enemigo es la soledad, que los impulsa hacia una melancolía que no saben controlar y que los sume en estados de depresión bastante frecuentes.

8: Apasionados, inquietos, volcánicos en el fondo y correctos y ligeramente distantes en la superficie. Suelen ser altaneros y soberbios pero si se les conoce profundamente es fácil detectar que detrás se halla un espíritu inseguro y vulnerable, con cierto complejo de inferioridad, que desea ser amado con su intensidad y sus contradicciones. Este volcán ardiente disimulado tras la apariencia de una persona común no puede resistir los retos. Cuanto más se acumulan las dificultades, mayor es su pasión por enfrentarlas y superarlas. Se trata de espíritus batalladores, inteligentes y sensibles, que no le temen a los cambios ni a los imprevistos y que no se amilanan ante el dolor, salvo que el sufrimiento provenga del terreno afectivo, donde se comportan de modo hipersensible y a los que les basta una palabra o un gesto para sentirse rechazados o heridos. Son soñadores pero nunca se embarcan en aventuras desatinadas. Una profunda intuición les advierte acerca de las empresas descabelladas y con frecuencia los orienta hacia el éxito. Generalmente son triunfadores o tienen la posibilidad de serlo, en el comercio o todo lo que esté relacionado con números. No son generosos pero tampoco mezquinos. En el plano sexual son muy apasionados y románticos. Adoran los pequeños detalles, los regalos, las flores, las llamadas telefónicas inesperadas. Necesitan del elogio de los demás, pero lo prodigan de la misma manera, aunque son capaces de comportarse de un modo hipócrita para ganar el reconocimiento de los otros, pues una de sus características más destacadas es una asombrosa elasticidad, una capacidad notable para adaptarse a las circunstancias, lo que facilita la obtención de sus metas y les asegura un lugar destacado en el juego social. Como son prisioneros de su propia afectividad, son extremadamente vulnerables. Si logran armarse de una coraza en este plano y establecer relaciones más sinceras con los demás, tienen muchas posibilidades de ser felices.

9: Se trata del tipo de personalidad más contradictorio de la tabla. Por momentos se muestra eufórico y alegre y al instante siguiente se deprimen y todo lo ven desde un prisma negativo. Cualquier hecho fortuito basta para modificar su estado de ánimo y saltan con la misma facilidad de la tristeza a la alegría que viceversa. Suelen despertarse de mal humor, pero a media mañana ya se sienten eufóricos y dispuestos a comerse el mundo de un bocado. Sin embargo, no existe ninguna garantía de que al llegar la noche, el optimismo continúe. Son personas muy inconstantes, quieren probarlo todo pero lo dejan tan pronto como lo han saboreado. Tienen dificultades en el campo laboral y son bastante aprensivos. Tendencia al pesimismo en la visión del propio futuro, capacidad de observación, rapidez para formular conceptos y dificultad para comprender ideas que requieren una elaboración minuciosa. Aptitud para los números y las tareas de coordinación. Generalmente se trata de gente inocente y bondadosa, cuya timidez le impide pedir ayuda en el momento preciso pero en la que se puede confiar pues rara vez actúan con doble sentido. Su afectividad es contradictoria y su sexualidad no demasiado intensa. Tendencia a comportarse de manera impetuosa, a entusiasmarse con quimeras imposibles y a embarcarse en planes carentes de practicidad. No suelen tener muy desarrollado el sentido práctico y tienen una tendencia a minimizar los problemas que se le plantean para no tener que enfrentarlos. Se trata de personas que necesitan de la comprensión y la valoración de los demás para no sentirse desdichados. Como advertencia es importante que aprenda a controlar sus ímpetus y su inconstancia para alcanzar el equilibrio que tan intensamente necesita. Sólo a través de él podrá alcanzar una vida afectiva plena.

CARTAS Y NÚMEROS

La cartomancia, o arte de adivinación del futuro a través de la lectura de las cartas, es una de las más ricas y variadas mánticas de prospección del futuro, que se apoya en el valor y significado de los naipes, en la frecuencia y lugar de su aparición, entre otras variables. Su relación con los números es indirecta, salvo en lo que atañe a una serie de juegos o técnicas adivinatorias que utilizan las cartas para realizar operaciones aritméticas cuyos resultados contienen mensajes de lo que vendrá.

A continuación, se ofrecen tres variantes de juegos de adivinación que son variaciones aritmománticas de juegos cartománticos tradicionales. Sus resultados en números pueden traducirse en la tabla de significaciones que les acompaña.

Los cuatro grupos

Se mezcla el mazo y se corta (si es para sí) o se hace cortar (al interesado) con la mano izquierda. Se reúnen las cartas nuevamente y se forman cuatro montículos. Se pide al interesado que piense un número y no lo diga. Después se le pide que escoja dos cartas de cada montículo y las vaya colocando, ocultas, cerca de cada montículo para que se sepan de cuál fueron extraídas. Posteriormente, se pide al interesado que diga en voz alta el número en el que pensó (este número no puede ser mayor a 9).

Luego se le pide que muestre las dos cartas que extrajo del primer montículo. Quien coordina el juego realizará la operación correspondiente de suma o resta de los valores de las cartas (de acuerdo al palo al que pertenezcan) y el total lo multiplicará por el número que el interesado pensó en primer término. Este total tampoco puede ser mayor que 9, de modo que si lo excede es necesario sumar las cifras entre sí tantas veces como sea necesario hasta que pueda ser incluido entre 1 y 9.

Una vez que posea el número final del primer grupo, repetirá la operación con los 3 grupos restantes del mismo modo que él hizo la primera vez, pero al leer la tabla de significaciones, tendrá en cuenta que el mensaje del primer grupo se refiere (el primero a partir de la derecha del coordinador) al propio consultante, el segundo a su hogar, el tercero a las sorpresas y el cuarto a lo imprevisto que le depara el futuro.

La relación entre sumas y restas de los palos es la siguiente:

OROS - ESPADAS

OROS - BASTOS

OROS + COPAS

ESPADAS - OROS

ESPADAS + BASTOS

ESPADAS - COPAS

BASTOS - OROS

BASTOS + ESPADAS

BASTOS - COPAS

COPAS + OROS

COPAS - ESPADAS

COPAS – BASTOS

Las cartas del mismo palo siempre se suman.

Así, suponiendo que el consultante ha cortado con la mano izquierda y ha pensado sin decirlo en el número 3, retira dos cartas de cada grupo y al exhibirlas, resulta lo siguiente:

7 COPAS

1 BASTOS

5 OROS

3 COPAS

12 COPAS

2 ESPADAS

11 ESPADAS

6 OROS

Primer grupo: Las cartas del primer montículo son del mismo palo, de modo que suman:

7 + 12 = 19 que se multiplica por 3, el número que había pensado el consultante:

19X X 3=57

Pero como no puede ser mayor a 9:

5+7= 12 y 1+2= 3

3 es el número del primer grupo.

Segundo grupo: Bastos y espadas se suman:

1+2 = 3x3 = 9

9 es el número del segundo grupo.

Tercer grupo: Oros y espadas se restan (el mayor del menor):

11-5 = 6 x3 = 18 y 1+8 = 9

9 es el número del tercer grupo.

Cuarto grupo: Copas y oros se suman:

3+6 = 9x3 = 27 y, 2+7 = 9

9 es el número del cuarto grupo.

Los números se buscan en la tabla de significaciones del presente capítulo.

La cruz egipcia

Estos juegos pueden hacerse indistintamente con cartas españolas o francesas, estableciendo valores comparativos. En este caso se mezcla y se pide al consultante que corte con la mano izquierda. Se reúnen nuevamente los naipes y se pide al interesado que coja una carta y la retenga sin mostrarla. Luego se colocan sobre la mesa 4 cartas con la figura hacia abajo para que no sea vista, a modo de cruz egipcia, es decir, con los extremos equidistantes. Se da vuelta a la primera que es la que se halla más cerca del consultante y luego se van mostrando las otras siguiendo el movimiento de las agujas del reloj. Cada carta vale por sí misma si su número es 9 o menos de 9 y requerirá la suma de sus cifras si es mayor. Finalmente se pide al consultante que muestre la carta que reserva y la coloque en el centro de la cruz.

El significado del mensaje dependerá del palo de cada carta. Así, si es oros o corazones, se referirá a su vida sentimental; si son espadas o diamantes, tendrá que ver con sus proyectos de viaje o planes que signifiquen un cambio radical en su vida; los bastos y tréboles se refieren a negocios, actividad profesional o dinero y las copas o picas a obstáculos, sorpresas, imprevistos. La quinta carta, la que se ubica en el medio de la cruz, no entra en esta discriminación. El palo que la identifica carece de valor y sólo debe considerarse su número pues su sentido es el de acentuar o neutralizar la lectura del resto.

Así, el consultante toma una carta que reserva (caballo de bastos) y se colocan sobre la mesa las otras 4 cartas. Se abre primero la que está más cerca del consultante y luego las otras; para ejemplificar, la tirada es la siguiente:

3 DE COPAS

7 DE COPAS

12 DE ESPADAS

5 DE BASTOS

Puede advertirse que la lectura que se ofrecerá al consultante impondrá la supremacía de los obstáculos y sorpresas, puesto que dos de las cartas son de copas, mientras que las espadas se refieren a sus planes y proyectos y los bastos a los negocios o dinero. En el caso de la carta de espadas por su número (12) requerirá una suma (1 + 2 = 3). Una vez realizada la lectura de cada carta de acuerdo a la tabla de significaciones que se encontrará en el mismo capítulo, se leerá la carta reservada (11 de bastos, es decir 1 + 1 = 2).

Las tres escaleras

Se mezclan las cartas y se solicita al consultante que corte el mazo con la mano izquierda. Se reúnen las cartas, se sostienen con la mano izquierda y se toma la primera con la derecha y se coloca descubierta sobre la mesa. Se seguirán sacando naipes y apilando uno sobre otro hasta que aparezca un rey, que será colocado aparte. La carta siguiente se ubica por encima y un poco debajo del rey y lo mismo la siguiente, hasta formar una escalera de 7 peldaños, es decir, 7 cartas incluyendo al rey inicial. Si en una de estas cartas apareciera un nuevo rey, se forma una segunda escalera paralela procediendo del mismo modo que la vez anterior, pero al sacar la carta siguiente, se deberá completar la primera escalera de 7 peldaños antes de pasar a completar la segunda. Si en su transcurso apareciera un tercer rey, se opera de igual modo que las anteriores. Al aparecer el cuarto rey, se deja aparte del juego.

Si sucediera que se completase la primera escalera y no hubiera aparecido un segundo rey, las cartas que vayan apareciendo vuelven a colocarse en el pozo común hasta que aparezca un segundo rey. Si al aparecer el tercero o en cualquier otro caso, no alcanzaran las cartas que restan para completar las escaleras, se vuelve el pozo del revés y se juega de nuevo.

Una vez completadas las escaleras, deben sumarse los números de las cartas que integran a cada una pero, si el cuarto rey, el que ha quedado aparte, es de oros o copas, será preciso restar su valor al total de la suma. En cambio, si es de espadas o de bastos, se sumará su valor al total de la suma. Este total requerirá de la suma respectiva de sus cifras hasta dar con un número que figure entre 1 y 9.

Para ejemplificar, se supone que tras el corte, salen las siguientes cartas:

6 espadas - 3 espadas - 1 copas - 5 oros que van sumándose en el pozo común. Entonces aparece el 12 de oros que se coloca aparte para formar la primera escalera con las cartas que siguen apareciendo:

12 Oros

2 copas

10 espadas

Aparece el 12 de bastos. De modo que queda:

12 oros

12 bastos

2 copas

10 espadas

La carta siguiente que aparece es el 11 de copas, que debe ir debajo del 10 de espadas hasta completar los 7 primeros peldaños de la escalera. Así:

12 oros

12 bastos

2 copas

10 espadas

11 copas

2 bastos

4 espadas

7 bastos

La carta siguiente, deberá dedicarse a completar la segunda escalera presidida por el 12 de bastos:

12 oros

12 bastos

2 copas

1 espadas

10 espadas

7 oros

11 copas

10 copas

2 bastos

4 espadas

7 bastos

Pero tras el 10 de copas, la última carta aparecida, surge el 12 de copas. De modo que se colocará a la derecha de la segunda escalera, para formar la tercera. Las cartas que salgan desde ahora primero deben completar la segunda escalera antes de integrar la tercera:

12 oros

12 bastos

12 copas

2 copas

1 espadas

10 espadas

7 oros

11 copas

10 copas

2 bastos

6 oros

4 espadas

10 bastos

7 bastos

Tras el 10 de bastos, la última carta aparecida, surge el rey que faltaba, el 12 de espadas, que debe jugarse aparte, completar la segunda escalera y luego dedicarse a la tercera. Finalmente las 3 escaleras completas quedan así:

12 oros

12 bastos

12 copas

2 copas

1 espadas

11 bastos

10 espadas

7 oros

4 oros

11 copas

10 copas

2 espadas

2 bastos

6 oros

11 oros

4 espadas

10 bastos

5 bastos

7 bastos

3 bastos

7 copas

La suma de las tres escaleras es, respectivamente:

48   49   52

Pero como el cuarto rey es el de espadas es preciso sumar 12 a cada una de las escaleras:

48 + 12 = 60

49 + 12 = 61

52 + 12 = 64

6 + 0 = 6

6 + 1 = 7

6 + 4 = 10 y 1 + 0 = 1

En consecuencia, el 6 es el número de la primera escalera, el 7 el de la segunda y el 1 el de la tercera. La primera escalera se refiere a la salud, la segunda al dinero y la tercera a los sentimientos. El número debe buscarse en la tabla de significaciones del presente capítulo.

Significaciones

1: Cambios urgentes e imprescindibles. Si la vida cotidiana no los propone en breve plazo, el propio consultante debe tomar la iniciativa tras un profundo análisis de la situación. Si no toma una determinación rápida, podrá lamentarlo en el futuro.

2: Discusiones que no conducen a nada están obstaculizando el libre fluir de los acontecimientos. Desde la distancia aparece un mensaje que tiende a complicar las cosas.

3: Absolutamente todos los aspectos de la vida pasan a supeditarse a una novedad inesperada que llega escrita o por vía telefónica y cuyas consecuencias serán enormes y muy positivas.

4: Una novedad, un cambio de importancia en el campo laboral marca con su impronta los restantes aspectos de la vida cotidiana. Será preciso medir las propias fuerzas y aprender a administrarlas porque comienza una etapa de grandes esfuerzos.

5: Sin cambios notables. Se trata de una etapa pasiva, en la que nada experimenta grandes variaciones. Es inútil esperar sorpresas o soluciones mágicas a los problemas que se padecen. Tampoco es tiempo de lanzarse a arriesgadas aventuras. Conviene esperar. Algo relacionado con el calor dará la pauta del comienzo de una nueva etapa un poco más dinámica.

6: Triunfo en lo que tanto se ansía y, poco después, merecido reconocimiento a los propios valores. Resulta aconsejable aprovechar un momento tan propicio para alentar proyectos aún más audaces.

7: Problemas que no se esperaban dilatarán la realización de un proyecto. Un comentario de allegados causará asombro, indignación y amenazará con alterar planes elaborados durante mucho tiempo.

8: Éxito fulminante que causa alegría pero también complicaciones en el futuro. Problemas de salud de un allegado. Si aparece un viaje de negocios, es necesario llevarlo a cabo cueste lo que cueste, pues acarreará dicha en breve plazo.

9: Revés de la suerte. Mala época para arriesgarse o intentar empresas ambiciosas. Trastornos de dinero que pueden significar problemas serios en el futuro. Es necesario actuar con prudencia hasta que pase esta etapa difícil.

10: Algo relacionado con fuego propondrá un punto de vista que no se había tenido en consideración hasta entonces y que puede significar la resolución del problema. Las horas de la noche pueden deparar una sorpresa, de signo incierto.

11: Tiempo de esfuerzo y sacrificio, de tesón y energía para llevar adelante los problemas. Al final, recompensa, pero menor de lo que se calculaba. Posible visita de alguien a quien no se ve desde hace mucho tiempo.

12: Lágrimas por la noche, sonrisas por la mañana. Los problemas que se están padeciendo no son eternos. Se acerca una etapa esplendorosa, marcada por la buena estrella y por lo tanto, no es justo desanimarse.

Métodos del "sí y no"

Para obtener una rápida respuesta con las cartas a un problema que requiere pronta resolución y ante el cual no se sabe qué camino tomar, existen algunas técnicas que pueden resultar esclarecedoras. Una de ellas, muy sencilla, consiste en mezclar el mazo, cortar con la mano izquierda y colocar sobre la mesa las primeras tres cartas que aparezcan. Luego vuelve a mezclarse, se corta del mismo modo, se extiende el mazo a modo de abanico sobre la mesa y se escoge una carta. Se suman los números de las tres cartas colocadas primero al que se le resta el valor de la carta sacada en el último término. Si el número que queda es impar, la respuesta es positiva. Si es par, es negativa. Si la carta escogida en segundo término es una sota (10) el juego se anula y debe probarse en otra oportunidad pues significa que la suerte no dispone de respuestas para el consultante. Si es un rey (12) no tiene sentido hacer las operaciones matemáticas pues la respuesta es «no se sabe».

Así, tras mezclar y cortar, se disponen tres cartas sobre la mesa. Sus números son 4, 3 y 6. Se mezcla nuevamente, se corta, se disponen las cartas en abanico y se escoge una. Es un 6, por lo tanto:

$$4 + 3 + 6 = 13 - 6 = 7.$$

Como 7 es impar, la respuesta es positiva.

Otro sistema simple es el del mazo cortado. Se mezcla el mazo, se corta con la mano izquierda y se vuelven ambos para mirar la última carta de cada uno de ellos. Si ambas tienen el mismo número par, la respuesta es totalmente negativa y es, además, una advertencia sobre peligros e inconvenientes. Si ambas son impares, la respuesta es positiva y señala que la suerte se halla de parte del consultante. Si aparece una figura en una de las dos caras, significa «no se sabe».

Las espadas

Se mezclan las cartas, se corta con la mano izquierda y se colocan siete naipes sobre la mesa. Formando un pozo a partir de la carta octava, se siguen acumulando cartas hasta que aparezca un as. La primera carta del mismo palo que el as que aparezca a partir de entonces debe ser restada del total de la suma de espadas que haya sobre la mesa. Si el número que queda es par, la respuesta es negativa y si es impar, es positiva. Pero si la suma de espadas es menor a la carta que debe restarse, no tiene sentido hacer la operación aritmética puesto que significa «no se sabe». Si entre las espadas aparece primero la sota (10) de espadas, el juego debe interrumpirse pues carece de valor y será necesario probar en otra oportunidad.

Así, tras mezclar y cortar, se disponen siete cartas sobre la mesa:

4 bastos - 6 oros - 7 espadas - 10 oros - 3 espadas - 1 bastos - 2 copas.

Se comienza a formar el pozo con la octava carta y se siguen tirando hasta que aparece un as. En este caso, es el as de copas. Se siguen tirando cartas hasta que aparece la primera carta de copas, en este caso el 5 de copas.

7 (espadas) + 3 (espadas) = 10 - 5 (copas) = 5. La respuesta es positiva.

LOS NÚMEROS Y LOS DÍAS

Más allá de las fechas propicias protegidas por los astros, las confluencias zodiacales desfavorables y las creencias populares acerca del martes 13 o del viernes 17, es indudable que existen días que despiertan simpatía y otros por lo que se experimenta alguna forma de rechazo. No es solamente que se odie el lunes porque simboliza el retorno a la rutina y a las obligaciones; después de todo, para mucha gente el lunes es su día favorito. Hay quienes temen al domingo porque es el día en que se sienten más solos, quienes encuentran que el miércoles es el día más negativo en vibraciones o detestan el sábado porque no se puede salir al cine o a cenar porque todo está lleno de gente. Para los escorpianos los martes suelen ser días espléndidos y para los piscis y sagitario el mejor día es el jueves, mientras que tauro y libra tienen al viernes por su día afortunado.

Estos contenidos benéficos y malignos de los días, han estado relacionados con los números desde épocas remotas. Para los egipcios, por ejemplo, «los quintos días del mes» eran verdaderamente nefastos. De este modo tenían establecido los días propicios para sembrar, para cosechar, para concebir un hijo, para parirlos, para temer infidelidades o enfermedades y hasta para resolver viejas querellas. Los caldeos ofrecían sus sábados a sus dioses, especialmente el tercer sábado. Aún hoy la religión católica divide los días del mes de esta manera y regula cuáles son los más indicados para las ofrendas a Dios.

Días positivos y días negativos

Existe un método muy sencillo de base aritmomántica, que puede practicarse para averiguar si una decisión o un asunto que debe resolverse en un día determinado, contará con la energía positiva que el día le prestará para apoyarle o si, por el contrario, las vibraciones negativas de la jornada se combinarán para producir un resultado adverso.

Para averiguar la respuesta, se debe utilizar esta tabla que asigna diversos valores a los días de la semana:

Lunes: 69; Martes: 75; Miércoles: 97; Jueves: 82; Viernes: 91; Sábado: 42; Domingo: 75

Asimismo, los rubros (o sectores) generales dentro de los cuales pueden formularse consultas, también han sido sistematizados, asignándoles un valor:

Trabajo: 67; Familia: 49; Salud: 56; Amistad: 66; Amor: 46; Viajes: 66; Azar: 46; Sorpresas: 130; y, Dinero: 64

Posteriormente, al formular la pregunta acerca del tema que interesa, bastará con ubicarla dentro de alguno de los rubros generales, anotar el número que lo identifica, sumarle el número del día de la semana en que se formula la pregunta y sumarle también el número del día, la fecha. Si el total da una cifra impar, es dable aguardar el mayor de los éxitos. Si es par, el resultado será negativo.

Por ejemplo, si alguien se pregunta «¿me pagarán hoy el dinero que me deben?», obviamente, el tema de su pregunta es el dinero. La pregunta se la formula un martes 9. Por lo tanto, la suma es la siguiente:

64 (rubro «dinero» al que pertenece la pregunta)

75 (valor del día «martes»)

 9 (número del día)

Lo que da un total de 148

Por ser número par, en este caso la respuesta es negativa.

Los días señalados

Una tradición popular cuyos orígenes se difuminan en el tiempo, asegura que, a lo largo del año, existen días dotados con cargas energéticas especiales que comportan que todos los seres humanos de todo el planeta tengan mejores posibilidades y pasen un día más feliz de lo habitual. Se considera que en estos días se presentan las mejores oportunidades o los asuntos se resuelven más favorablemente y se considera que quien ha nacido en uno de estos días está dotado de la estrella de la suerte.

Cualquiera que sea el tipo de investigación que se realice, resulta imposible comprender el substrato lógico de los días señalados. Ni las influencias astrales, ni su valor numérico, parece tener algo que ver. Incluso, siendo una creencia tan difundida en todo el mundo, en diversos continentes es posible encontrar diferencias entre unos días y otros. Así, por ejemplo, en Centroamérica se estima que el único día favorable del mes de enero es el 6 mientras que para los norteamericanos es el 6 y el 25. A continuación, se transcribirá la lista tradicional de días señalados:

6 de Enero

8 de Febrero

26 de Febrero

11 de Marzo

4 de Abril

30 de Abril

8 de Mayo

4 de Junio

21 de Junio

12 de Julio

26 de Agosto

10 de Septiembre

24 de Septiembre

17 de Octubre

31 de Octubre

10 de Noviembre

11 de Noviembre

18 de Diciembre

Los biorritmos

La aplicación del cálculo matemático al desarrollo biológico de la vida ha merecido el nombre de biorritmo. Desde hace años, esta técnica que no es adivinatoria pero sí prospectiva, se ha puesto de moda en muchas de las grandes capitales del mundo. Los norteamericanos, sobre todo, han llegado a establecer intensas conexiones entre los biorritmos y el jogging, y los biorritmos y los ejercicios gimnásticos en general.

A diferencia de las mánticas descritas en este volumen, esta técnica apela a la precisión que pueden dar los números y a los cálculos exactos. Sin embargo, no desdeña la capacidad mágica de la cifra.

En efecto, la teoría de los biorritmos sostiene que la existencia humana se halla sujeta a cambios consistentes y que esas modificaciones son periódicas y guardan una fuerte consonancia entre sí. Su descubridor, a fines del siglo XIX, fue el doctor Hermann Swoboda, profesor de psicología de la Universidad de Viena. Uno de los aspectos que más le intrigaron e incitaron la investigación profunda del tema fue que, debido a su trabajo, debía anotar e interpretar los sueños de sus pacientes. Como se sabe, el sueño es la manifestación libre del inconsciente. Allí, Swoboda advirtió qué ideas, temores, manías, imágenes y hasta melodías parecían reaparecer -disimulados o manifiestos— en un mismo paciente con regularidad que terminaba por formar un ciclo y que este ciclo comprendía 23 o 28 días. A partir de sus investigaciones, pudo desarrollar una regla de cálculo destinada a hallar los días críticos de cada ser humano.

De acuerdo a su teoría, todo lo que concierne al hombre se desarrolla de acuerdo a ciclos, a ritmos vitales. Así, comprobó que ciertos días las madres jóvenes se comportan de manera más ansiosa ante sus hijos pequeños sin que modifiquen las circunstancias, que los niños tienen menos apetito y que sus digestiones son más lentas sin que se modifique su alimentación. Por cierto, sus estudios acerca del desarrollo rítmico en el cáncer sigue siendo motivo de estudio e investigación por parte de los especialistas.

Otro especialista en el tema, el doctor alemán Wilhelm Fliess, sostuvo que la medición de estos ciclos se realiza por un «reloj maestro» que late dentro del cuerpo de cada ser humano y que es, en definitiva, el que marca la medida de su vida. Fliess logró conmover a la escéptica sociedad de su tiempo descerrajando una pregunta muy incisiva: si la vida del organismo humano está marcada por ciclos reconocidos (el desarrollo interno del feto dentro del vientre materno, por ejemplo, en el que su formación se va marcando por semanas) y se sabe que a determinados años del nacimiento se produce la dentición y después comienza la pubertad y así sucesivamente, si inclusive el ritmo menstrual de la mujer está estipulado en alrededor de 28 días, es decir si todo el desarrollo orgánico está marcado por ritmos ¿con qué elementos negar que aun los aspectos psíquicos y las voliciones más secretas no se manifiesten del mismo modo?

En 1920, un minucioso estudio sobre la capacidad intelectual del alumnado de las universidades norteamericanas, brindó un sólido espaldarazo a esta hipótesis. El resultado indicaba que, a iguales condiciones, se registraba entre los alumnos una fluctuación de máximo y mínimo rendimiento intelectual que se repetía cada 33 días.

¿Pueden variar los estados de ánimo no solamente como consecuencia de la vida de relación sino por ritmos internos del organismo? La teoría de los biorritmos responde afirmativamente. Para probarlo abundan las estadísticas.

Basándose en el criterio de que en un día biorrítmico crítico es cuando la capacidad humana es más permeable al error y, por lo tanto, sus posibilidades de muerte son mayores, se han realizado numerosos estudios en los que se demuestra que más del 60 % de las defunciones se producen en estos días. Hace un par de años, la Junta de Aviación Civil de los Estados Unidos llevó a cabo una investigación que reveló que, de 167 accidentes aéreos ocurridos por un fallo humano, en 101 casos los pilotos que conducían los aviones se hallaban en sus días críticos.

¿Pueden preverse los malos días?

Según la teoría de los biorritmos, existe un ritmo físico de 23 días originado por las células o fibras musculares que afectan la fuerza física, la energía, la resistencia y la confianza en las propias fuerzas del individuo. Existe un ritmo de sensibilidad de 28 días, al que Fliess atribuyó el peso de la incidencia cromosomática femenina en la constitución celular, que incide sobre las tareas creativas, la afectividad y el control y equilibrio del propio sistema nervioso. Además, existe un ritmo intelectual de 33 días que, aparentemente, se origina en las células cerebrales que intervienen en las tareas de estudio e investigación, de ansias de conocimiento, de percepción, de análisis y de elucubración.

Para averiguar cuáles son los días críticos de cada persona, debe operarse de la siguiente manera: se suma el total de días vividos desde el nacimiento hasta la fecha en la que se quiere iniciar el cómputo, teniendo presente que cada cuatro años hay un bisiesto. Una vez alcanzada esta cifra, se la debe dividir por 23, 28 y 33 para conocer el día crítico en el plano físico, en el de la sensibilidad y en el intelectual respectivamente. El total indicará cuántas veces han sido recorridos ciclos completos en cada una de estas áreas a lo largo de la vida ya vivida y el resto servirá para saber exactamente cuáles serán a partir de entonces los días críticos en estos campos.

Aplicación de la teoría

Para ejemplificar el sistema, se supondrá que quien desea averiguar sus biorritmos nació el 10 de noviembre de 1950 y quiere realizar su cálculo a partir del 1.º de abril de 1982. Entre el 10/11/1950 y el 10/11/1981 median 31 años. En consecuencia, hay que multiplicar 31 x 365. Al resultado hay que sumarle un día por cada año bisiesto. En 31 años hay siete años bisiestos.

Del 10/11/1950 al 10/11/1981 ... 11.315 días

7 años bisiestos .7 días

Deben sumarse ahora los días que median entre el 10/11/1981 y el 1/4/1982, que es cuando comienza el cálculo.

10/11/1981 a 30/11/1981 . . . . 20 días

Diciembre . . . . 30 días

Enero. . . . . 31 días

Febrero (bisiesto) . . . . 29 días

Marzo . . . . 31 días

Suman 142 días

Lo que hace un TOTAL de 11.464 días

De acuerdo con este cálculo, quien desea averiguar sus días críticos ha vivido 11:464 días hasta la fecha en que realiza el cálculo. Ahora necesitará dividir dicha cifra por 23, 28 y 33:

11.464 : 23 = 498 . Sobran 10

11.464 : 28 = 409 . Sobran 12

11.464 : 33 = 347 . Sobran 13

Esto significa que quien realiza la consulta ha atravesado hasta la fecha del cálculo 498 ciclos completos de ritmo físico, 409 ciclos completos de ritmo de sensibilidad y 347 ciclos completos de ritmo intelectual. Pero no son estos los datos importantes para el futuro sino los números que sobran pues, al 1° de abril, se halla en el día 10 de su ritmo físico. Como este ritmo tiene 23 días, significa que el día 13 de abril comenzará su nuevo ritmo físico de 23 días y a partir de allí podrá seguir calculando todo el tiempo que desee. Asimismo, se encuentra en el día 12 de su ritmo de sensibilidad. Como este ritmo abarca 28 días, a partir del 18 de abril se iniciará su nuevo ciclo de 28 días. Finalmente, se encuentra en el día 13 de su ritmo de sensibilidad y como este ciclo comprende 33 días, su ciclo culminará el 20 de abril, día en que comenzará un ciclo nuevo de 33 días.

Días buenos y malos

Tres son entonces los relojes que rigen la vida en el interior del organismo. A uno de ellos -el físico- se le ha adjudicado género masculino y a otro -el de sensibilidad- el femenino.

En el caso del ritmo físico, se considera que la primera mitad (11 días y medio) son ascendentes. En general la tónica es vigorosa, el individuo se siente con ansias de emprender nuevas tareas, su relación con el trabajo rutinario mejora, sus impulsos de realizar tareas físicas aumenta y siente una verdadera necesidad de establecer contacto con la naturaleza, de correr, nadar, caminar, esquiar o jugar al tenis. El segundo y el noveno día de este ciclo suelen ser particularmente buenos (por supuesto, objetivamente hablando; en este análisis no se tienen en cuenta las circunstancias individuales) y muy aptos para realizar tareas fatigosas como viajes largos, mudanzas, etc., pues el nivel de resistencia del organismo se halla en su punto máximo.

La segunda mitad del ciclo es descendente o de recarga. La energía decrece, el entusiasmo se apacigua, el organismo se cansa con mayor facilidad y la resistencia es mucho menor. En este período suele aparecer esa pereza o somnolencia que no puede explicarse pues no han existido causas que la generen. Los días onceavo y doceavo son los malos o críticos en esta área.

Respecto del ritmo de sensibilidad en el primer ciclo de 14 días la actitud es jovial y más alegre, tiende a imperar el optimismo, acrecienta la disposición afectiva y la ternura interna pugna por manifestarse. En el primer día del ciclo es cuando todas las variables de este ciclo alcanzan su cota más alta y en las que la emotividad y la capacidad sensitiva se hallan más aguzadas pues se trata de un día bueno en este aspecto. El día malo o crítico es el quinceavo, es decir, cuando comienza el segundo ciclo, caracterizado por una visión depresiva y pesimista de la realidad, por una falta de disposición a resolver de manera conciliadora los problemas personales, por un escepticismo que tiende a invadir todo el campo afectivo con su consiguiente cuota de desconfianza hacia los demás y una falta de alicientes emotivos que suelen conducir a la melancolía.

Finalmente, como el ritmo intelectual abarca 33 días, sus ciclos se dividen en 16 días y medio. En la primera parte la sed de conocimiento, la perspicacia, la agudeza de la percepción se hallan en su mejor momento, combinados con la más alta disposición de la inteligencia a producir las ideas más brillantes, sagaces y creativas. En el segundo período, por el contrario, la inteligencia parece reacomodarse por el esfuerzo y renovarse para el próximo ciclo de esplendor. Esta segunda etapa, es adecuada para la recopilación y almacenamiento de datos que podrán ser adecuadamente utilizados en la primera.

Los mejores días de la primera parte son los que van entre el segundo y el quinto, inclusive. Es cuando la inteligencia puede dilucidar sus mejores ideas. Los días malos, en cambio, son el decimosexto y el decimoséptimo.

Los días críticos

Un mal día desde la perspectiva de los biorritmos, no es malo por sí mismo, no conlleva en sí una carga exterior negativa sino que es malo porque alguna de las capacidades humanas se hallan menguadas, o en posición desfavorable. La teoría de los biorritmos no contiene elementos adivinatorios ni de vaticinio. Su utilidad es básicamente, de prevención, en la convicción de que quien conozca sus días buenos y malos podrá explotar al máximo sus facultades en los mejores días y extremar sus prevenciones en una jornada negativa.

De todas formas, conviene prestar atención a los días llamados mixtos, es decir, aquellos en los que confluyen algunos de los ritmos vitales. Si el mejor día del ritmo físico llega a coincidir con el mejor día del ritmo de sensibilidad y el intelectual, no cabe duda que se está ante una fecha extraordinaria, de disponibilidad fuera de lo común que conviene aprovechar al máximo. La coincidencia de días buenos en el plano físico y de sensibilidad puede asegurar que el sistema nervioso resistirá armónicamente cualquier embate, mientras que una coincidencia similar entre ritmo físico e intelectual determinará que es el día indicado para intentar las tareas más audaces y dificultosas con las mayores posibilidades de éxito. La coincidencia de días buenos en los ritmos de sensibilidad e intelectual favorecerá el planteamiento audaz e inteligente de cuestiones sentimentales o de manifestaciones artísticas creativas.

Respecto a los días malos, resulta obvio que una coincidencia de días de los 3 planos conlleva un riesgo trágico del que resulta necesario precaverse. La coincidencia de un día crítico en el ritmo físico y el ritmo de sensibilidad advierte acerca de errores en el trabajo o accidentes en el hogar o la carretera. Un día malo compartido por los ritmos físico e intelectual alerta ante el fracaso de un proyecto por falta de sagacidad e incluso una mala administración en las propias fuerzas. La confluencia de un día crítico en el plano de la sensibilidad y el intelectual puede provocar un fracaso sentimental e incluso provocar una fatiga nerviosa que afectará a la salud.

LOS NÚMEROS Y EL ZODÍACO

La fuerza mágica de la cifra no podía pasar desapercibida para la astrología. Las vibraciones, los poderes e influencias de los números y las asociaciones y sentimientos que despiertan fueron capitalizados desde antiguo por los astrónomos y astrólogos que desde aquellos exóticos zigurats, aquellas torres geométricas de observación, escudriñaban la bóveda celeste.

Los números místicos

Estos números servían en el pasado para calibrar la influencia de un planeta. Actualmente, se considera que bajo su área de influencia, resulta favorable probar los juegos de azar a través de los números que los identifican y que son:

Saturno: 15; Júpiter: 31; Marte: 65; Sol: 111; Venus: 175; Mercurio: 260; Luna: 369

Dichas cifras eran utilizadas para establecer los cuadrados mágicos de cada planeta, es decir, un talismán de protección o ayuda que, con frecuencia, posee mayor influencia que el propio planeta.

Los números zodiacales

La astrología posiblemente sea la más antigua forma de adivinación conocida por el hombre. Según las investigaciones más recientes, prácticamente existe la certeza de que los pueblos caldeos la conocían y la utilizaban apelando a vinculaciones entre astros y cifras.

Con frecuencia existe un alto grado de escepticismo entre la gente respecto a este tema y su razón de ser es la confusión y la ignorancia. La difusión masiva de prácticas zodiacales carentes de toda fundamentación científica y la formulación de horóscopos masivos en los que, como es lógico, resulta muy dudoso que lo que sirve para una persona pueda servir del mismo modo para otras miles, ha arrojado una sombra nefasta sobre esta mántica rigurosa que, cuando es realizada con criterio científico, puede asombrar por su nitidez y su alto grado de confiabilidad.

El Zodíaco, como se sabe, se compone de 12 constelaciones. Son los signos. Cada signo tiene características que lo diferencian de los demás. Entre ellos figuran los números favorables y los desfavorables.

Según los Signos del Zodíaco, tenemos los siguientes:

Aries: Número favorable: 1 y luego 3 y 8; Número desfavorable: 2 y 7

Tauro: Número favorable: 6 y luego 2 y 7; Número desfavorable: 3 y 9

Géminis: Número favorable: 1 y luego 6 y 8; Número desfavorable: 3 y 7

Cáncer: Número favorable: 2 y luego 7 y 9; Número desfavorable: 1 y 3

Leo: Número favorable: 6 y luego 1 y 3; Número desfavorable: 2 y 5

Virgo: Número favorable: 3 y luego 2 y 8; Número desfavorable: 7 y 9

Libra: Número favorable: 6 y luego 1 y 8; Número desfavorable: 5 y 9

Escorpio: Número favorable: 9 y luego 6 y 5; Número desfavorable: 2 y 8

Sagitario: Número favorable: 6 y luego 1 y 6; Número desfavorable: 8 y 5

Capricornio: Número favorable: 8 y luego 6 y 2; Número desfavorable: 5 y 9

Acuario: Número favorable: 8 y luego 6 y 9; Número desfavorable: 1 y 3

Piscis: Número favorable: 5 y luego 2 y 6; Número desfavorable: 1 y 8

Estos valores sirven para que, en un momento de decisión entre una cifra y otra, el nativo de algún signo sepa qué números le resultan más favorables.

Los astros y el azar

Existen números que resultan particularmente favorables para los nativos de uno u otro signo, pero todo depende del área en que estas cifras influyan o hagan su aparición. Así, para un nativo de aries, por ejemplo, el 9 puede resultar excelente para los juegos de azar bajo el reinado de escorpio (21 de octubre al 20 de noviembre) pero en cambio significa pérdida de dinero segura si juegan al 9 en tiempos de capricornio (21 de diciembre al 20 de enero) pues la confluencia es negativa para el azar a los aries que buscan ampararse en el área de influencia de ambos signos y aries (1) más capricornio (8) se influyen entre sí en ese campo.

A continuación se detalla la relación entre astros y números en los distintos lapsos de influencia anual, en las cuestiones fundamentales.

ARIES: El 1 es favorable para el azar bajo su propia influencia y bajo el signo de géminis. La aparición del 2 en algo relacionado con la salud es favorable bajo el signo de virgo pero desfavorable en escorpio. Buenas noticias sentimentales con el 2 en tiempos de cáncer. El 3 es favorable en cuestiones de dinero en virgo y sagitario, pero desfavorable en leo. Cáncer y géminis ayudan para realizar buenas vacaciones si a ellas aparece vinculada el 4. Excelentes novedades de trabajo con el 6 en sagitario y noticias favorables si se trata de un día octavo de la época de acuario, aunque pueden resultar malas nuevas si esto ocurre en un octavo día de escorpio. Rencillas en el hogar cuando aparece un 9 bajo el signo de tauro.

TAURO: Estupendos progresos y proyectos realizados vinculados con el número 1 en la influencia de virgo pero negativas en acuario. El 2 preanuncia fracaso de un viaje, error en un traslado o dificultades para adaptarse a un cambio en leo y aries. Sin embargo, significa buenas noticias en el terreno afectivo bajo el signo de virgo. Un 3 es un amor que muere o un romance que se destruye por influencia de terceros, e inclusive infidelidad, bajo escorpio, pero significa dinero inesperado, herencia o reconocimiento financiero de los propios méritos a nivel profesional si este número adquiere importancia en tiempos de cáncer o sagitario. El 4 es bueno para el amor en los reinos de tauro. El 5 significa una mala noticia en tiempos de leo. El 6 es favorable para todo, salvo cuando rige géminis. El tiempo de aries resulta negativo para problemas familiares o asuntos relacionados con vínculos permanentes si el 7 anda cerca. Pero habrá buenas noticias relacionadas con el 8 en tiempos de libra y peligro de accidente en la carretera con un 9, si rige escorpio. El 9 es propicio para los juegos de azar bajo virgo y sagitario y también de cáncer.

GÉMINIS: Excelentes noticias referentes a la salud de un ser querido bajo el signo de aries pero trastornos con el propio organismo en virgo, relacionados con el número 1. El 1 es propicio para los juegos de azar en tiempos de cáncer y libra. Los geminianos tendrán apuros de dinero vinculados con el 2 en la época de tauro, posible pérdida de dinero en piscis y proyecto que no se concreta o dinero esperado que no llega en capricornio, siempre relacionado con el 2. Si el 3 interviene, no se realizarán viajes en el propio tiempo de géminis ni en aries pero sí en libra y piscis. El 3 sugiere una estupenda sorpresa vinculada con el dinero en escorpio. Se deberá esperar antes de tomar decisiones, sentarse a meditar o actuar serenamente si un proyecto muy importante está vinculado con el 4, en tiempos de cáncer, aunque este número preanuncia una muy buena noticia desde lejos para los geminianos en tiempos de acuario. También será buena una novedad venida de lejos si se vincula con el 5 en la época de piscis, pero nefasta para la paz del hogar bajo el signo de leo. En general, todo lo que está vinculado con el 5 en tiempos de leo es negativo para los nativos de géminis. Cáncer y tauro son propicios para los proyectos sentimentales vinculados con el 6, que pueden alcanzar su consumación bajo el signo de piscis. Tauro ayuda a la suerte si se juega al 7. Existirán obstáculos no calculados en el trabajo, ocasionados por la terquedad de un superior en tiempos de sagitario, si el problema está vinculado con el 8 que, por el contrario, resulta propicio en capricornio para cuestiones místicas. Noticias de boda de alguien cercano vinculadas con el 9 también en capricornio.

CÁNCER: Aries y géminis favorecen la realización de proyectos de mediana importancia estrechamente vinculados con el 1. En virgo, capricornio y piscis, los nativos de cáncer disfrutarán de buenos tiempos en el hogar, vinculados con el 2. Este número, sin embargo, advierte un doloroso trastorno sentimental en escorpio, tal vez traición. Buenas noticias sobre el precario estado de salud de un ser querido en leo, vinculado con el 3. El 4 es buen número para jugar al azar durante todo el año salvo el tiempo en el que rige el propio signo, época en la que los nativos de cáncer no deben tentar a la suerte. El 5 es favorable en cuestiones financieras en géminis pero pueden surgir problemas por mala administración que requerirán de una política severa para evitar el desastre en sagitario. Excelentes perspectivas para realizar un viaje relacionado con el 6 bajo el signo de libra. Este augurio es exactamente inverso si el número relacionado con el viaje es el 7 y la época de influencia es la de aries. Pero el 7 predice una buena noticia desde la distancia o tal vez en la misma ciudad pero que llega por escrito en tiempos de escorpio. Acuario es un buen tiempo para decidir traslados, grandes cambios y hasta nuevos trabajos si aparece el 8 en el proyecto. En virgo, el 9 significa para los nativos de cáncer la calumnia; por lo tanto, deben desconfiar de los malos amigos.

LEO: Magníficas posibilidades de superación con el 1 cuando es tiempo de aries, salvo para los juegos de azar en la época de influencia de este signo. En general, los leo no suelen ser afortunados con los juegos. Si una cuestión sentimental se plantea vinculada con el 2 bajo el signo de escorpio, preanuncia una inmensa felicidad. El 3 vaticina trastornos de salud vinculados con las extremidades en tiempos de géminis y problemas en el aparato digestivo en tauro, pero dinero que llega en virgo y sagitario. Será reclamada una deuda que se había olvidado y en la que el 4 juega un papel importante en acuario o en piscis. Una persona mayor de edad traerá un problema vinculado con el 5 y a pesar de los inconvenientes que ocasione será preciso responsabilizarse de él en cáncer. Un enemigo, alguien que obstruye las posibilidades personales, alguien que crea problemas en el trabajo y que puede ser asociado con el 6, dejará de molestar definitivamente bajo el signo de virgo. Encuentro con una persona muy importante del pasado si aparece el 7 en tauro, pero viaje que no se realiza asociado con el 7 en aries. El 8 preanuncia novedades negativas en la familia en sagitario y en géminis también puede haber noticias desagradables de gente amiga, vinculadas con el 9.

VIRGO: Géminis y aries predicen un anuncio de boda o nacimiento en el seno de una familia allegada, vinculada con el 1. Para los virgos, el 2 es nefasto para todo en aries. El 3 es favorable a los juegos de azar bajo el propio signo. En general, los nativos de virgo son muy afortunados en los juegos durante todo el año. La falta de decisión, la propia inseguridad, inducirán a adoptar una actitud equivocada que dañará a gente querida vinculada con el 4 en época de escorpio. El 5 asegura buena salud salvo en acuario, época en la que pueden presentarse dolorosos problemas. El 6 es favorable en las cuestiones relacionadas con el trabajo en sagitario: es razonable esperar buenas noticias en dicha época. En cambio, resulta poco propicio para asuntos sentimentales en cáncer y géminis. Leo ayuda a las inversiones inmobiliarias y a los proyectos ambiciosos relacionados con el 7 pero deben descartarse viajes asociados con este número en tiempos de géminis pues podrían acabar en tragedia. Escorpio augura reconciliación en el hogar si se actúa con humildad, vinculada al 8. El 9 es propicio para viajes en acuario y piscis pero muy desfavorable para cambiar de trabajo o de casa en capricornio.

LIBRA: Si prevalece la equidad y el sentido de justicia que caracteriza a los nativos de este signo, un problema familiar de gravedad que se presente vinculado con el 1, podrá resolverse de manera favorable bajo el signo de escorpio. Esta combinación, sin embargo - el número 1 y el signo de escorpio -, no es favorable para los "libra" en el campo-de los viajes. El 2 es muy propicio para las cuestiones sentimentales bajo la égida de tauro y el 3 preanuncia mejoras en el trabajo bajo el signo de virgo, aunque advierte sobre desequilibrios financieros o robo en la vía pública en tauro y en los tiempos del propicio signo. El 4 es propicio a los viajes en cáncer y desfavorable para las inversiones asociadas con el 4 en tiempos de acuario. El 5 es estupendo para los juegos de azar, sobre todo bajo leo y piscis. Si un casamiento o relación afectiva se consolida y esta unión tiene alguna relación con el 6, abundará la felicidad y el vínculo tendrá larga duración en tiempos de capricornio y bajo el propio signo. El 6 es negativo relacionado con noticias de larga distancia, bajo el signo de leo. En épocas de géminis, relacionado con el número 7 puede esperarse algún contratiempo, accidente o problemas de salud a algún niño o persona menor de edad. Géminis es propicio para consolidar proyectos laborales relacionados con el 7. El 8 asegura buena salud en acuario pero fracaso de una antigua ambición en piscis. El 9 favorece las cuestiones de azar en escorpio y el consejo de alguien que no vive en la propia ciudad en tiempos de cáncer.

ESCORPIO: Pasión volcánica y éxtasis de dicha, asociado con el 1 bajo el signo de aries. La confrontación entre la vida y la muerte que simbolizan estos signos favorece todas las cuestiones sentimentales. Problemas de salud relacionados con los órganos reproductores si se vincula con el 2 en tiempo de cáncer. Salvo cuando dominen aries y virgo, los escorpianos jamás deben jugar al 2 y, en general, nunca tentarán al azar mientras rija su propio signo. El 3 es propicio para asuntos de dinero bajo virgo y se revierte en dinero perdido o gasto inesperado en tiempo de acuario. El 4 es propicio para los viajes en cáncer y libra. Un proyecto ambicioso será satisfactorio por la apasionada perseverancia de un escorpio si se vincula con el 5 en épocas de leo, pero el 5 en leo es malo para escorpio respecto a noticias de familiares mayores de edad. Herencia, dinero obtenido sin esfuerzo, negocio fácil o deuda pendiente que se paga en tiempos de virgo, si interviene el 7. La enfermedad de un ser querido también puede experimentar mejoras vinculadas con 7, en los dominios de acuario. El 8 es absolutamente nefasto en cuestiones sentimentales para los escorpianos bajo el signo de capricornio y hay peligro de tragedia cercana vinculada con este número bajo el reino de piscis. El 9 es favorable para el trabajo, la salud y la amistad en sagitario y en acuario. En cambio, resulta desfavorable para los juegos de azar en tauro y poco indicado para viajes o traslados que demanden mucho tiempo cuando el signo que impera es géminis.

SAGITARIO: El 1 apoya los nuevos contactos, y conocer nueva gente. Todas estas acciones están vinculadas con el 1 durante cualquier época del año. Para un nativo de sagitario, el 1 sólo es negativo para juegos de azar bajo acuario. El 2 puede resultar peligroso para la salud, sobre todo problemas de piel, bajo el dominio de aries. El 3 favorece las relaciones sentimentales que se inician en épocas de virgo y, por supuesto, bajo el propio signo puesto que 3 es su número más propicio. El 4 auspicia la feliz concreción de un proyecto de viaje durante todo el año salvo en tiempos de cáncer. Si existe un problema grave con un virgo y está relacionado con el 5, las épocas de piscis y escorpio serán favorables para resolverlo. El 5 es fatal para los juegos de azar bajo el signo de capricornio para los nacidos bajo este signo. El 6, en tiempos de libra, anunciará que una persona querida a la que no se ve con frecuencia está pidiendo ayuda. Problemas en el trabajo si se los asocia con el 7 en tiempos de géminis, pero podrá significar un incremento de honorarios vinculado con el 7 bajo el signo de leo. El 8 favorece la confesión de una mentira en escorpio y las inversiones moderadas en virgo. El 9 es muy negativo si está asociado con noticias que se aguardan desde lejos en tiempos de capricornio, pero favorable a las cuestiones de salud en acuario.

CAPRICORNIO: El natural impulso místico de este signo puede hallar su camino definitivo asociado con el 1 cuando rige su propio signo, aunque advierte sobre problemas de salud vinculados con el aparato respiratorio bajo acuario y piscis. Géminis favorece la dichosa resolución de problemas sentimentales asociados con el 2 pero este número previene sobre malas inversiones o dinero que se gasta más allá de lo calculado o pérdida de un objeto muy estimado cuando reina escorpio. El 3, asociado con un problema que perturba el sueño y quita la tranquilidad, puede deparar sosiego en Virgo y también pueden surgir interesantes posibilidades de progresar en el trabajo relacionadas con el 3, bajo sagitario. No se presentarán viajes por el momento si el 4 es quien reina, bajo el signo de cáncer ni solución a un pleito legal vinculado con este número en tiempos de escorpio. El 5 es muy propicio para todo lo relacionado con papeles, con palabras escritas, con cartas o noticias bajo el dominio de Leo y también favorable a las cuestiones sentimentales vinculadas con este número cuando impera géminis. El 6 resulta muy recomendable para los juegos de azar bajo el signo de tauro y también puede esperarse la aparición de un viaje o traslado muy favorable económicamente en tiempos de influencia de sagitario, si el 6 es importante. El 7 es positivo en géminis varies para recibir noticias de amigos a los que hace tiempo que no se ve, pero el 8 es verdaderamente nefasto para cuestiones sentimentales bajo el signo de escorpio. El 9 es propicio para resolver problemas crónicos de salud vinculados con este número en tiempos de virgo, pero negativo para el azar cuando reina libra.

ACUARIO: Grave revés sentimental que dejará una huella dolorosa si se vincula con el 1, bajo el tiempo en que rige el propio signo. El 2 es favorable a los juegos de suerte cuando es tiempo de tauro. Un viaje vinculado con el número 3 fracasará o un proyecto muy deseado no alcanzará a concretarse si se vincula con el mismo número mientras dominan géminis y cáncer.

Buenas perspectivas de curación de una enfermedad que afecta a un familiar mayor de edad si existe alguna vinculación con el 4, bajo el reinado de virgo, pero este número indica serias dificultades económicas en tiempos de escorpio. La traición de alguien cercano, vinculado con el 5, puede causar mucho dolor en los dominios de libra. Buenas perspectivas económicas bajo el signo de aries. Para los acuarianos, el 6 resulta excelente en todo lo que se vincula con el campo profesional, cuando rige tauro. El 7, asociado con cuestiones sentimentales es negativo en piscis y también es negativo para la amistad en capricornio, aunque favorable al azar en tauro. El 8 alienta la realización de un dichoso viaje de placer bajo el propio signo y bajo cáncer y el 9 puede traer paz al hogar en tiempos de escorpio y buen dinero en virgo.

PISCIS: El sentido del humor salvará una situación desagradable vinculada con dinero y con el número 1 bajo el influjo de acuario, pero existirán problemas con una persona mayor muy allegada, asociados con este número, en tiempos de cáncer. El 2 es propicio para los viajes en épocas de capricornio y para los juegos de azar en tauro. El 3 predice felicidad en el campo sentimental bajo el signo de sagitario y el 4, problemas de salud de alguien querido bajo escorpio. No se debe jugar al 5 en ninguna época del año, salvo en la del propio signo. El 5, en cambio, es enteramente favorable para los viajes que se relacionen con este número, salvo cuando rigen leo y libra. En las épocas en las que domina tauro, es dable esperar un razonable progreso en el trabajo, el pago de una deuda, o la concreción de un proyecto que, en breve plazo, modificará favorablemente la situación económica. El 7, asociado con un problema de salud, augura mejoría definitiva en virgo y agravamiento del problema en aries, aunque resulta favorable para los juegos de azar en libra. Nada bueno debe aguardarse de una dificultad sentimental en crisis y que se vincula con el 8 en tiempos de capricornio, aunque este número es positivo para tomar grandes decisiones bajo el signo de escorpio. El 9 trae buenas noticias desde la distancia en tiempos de sagitario y si se vincula con una reconciliación, ésta se producirá cuando impere cáncer.

Talismanes numéricos

Los números que rigen los astros posibilitaron en épocas remotas la realización de talismanes que, según la creencia generalizada, traían buena suerte o protegían de diversos males a sus portadores. Anillos, amuletos y talismanes llevaban grabados en sus superficies las cosas más diversas. Algunos eran mágicos y otros astrológicos. Eran utilizados para consultar el porvenir, para despertar amor en la persona deseada, para prevenir contra la envidia, el mal de ojo y la calumnia, para curar enfermedades, proteger contra robos y todo tipo de accidentes y hasta para cuidarse del veneno.

No existe una fecha de invención de estos extraños adminículos. Pero se tienen pruebas que 200 años antes de Salomón ya se utilizaban en Egipto. Los anillos y talismanes astrológicos solían llevar grabados el número del planeta bajo cuya protección se colocaba su portador. Tal vez, la fórmula numérica de talismán más antigua que se conoce se halla integrada por los siguientes números:

4	9	2
3	5	7
8	1	6

De cualquier modo que estas cifras sean sumadas, su resultado será 15, número que se asocia con el nombre de Jehová, con lo que resultaba una impetración a Dios.

Utilizando el metal correspondiente a cada astro, a partir del siglo XV fueron bastante comunes los anillos o talismanes astrológicos. Así, el del Sol, por ejemplo, constaba de 6 columnas. La suma de cada una daba 111 y el total 666, que son los números del Sol. Con cada uno de los planetas sucedía lo mismo. El de Júpiter debía realizarse en estaño y llevarse envuelto en una tela azul. Los números inscritos eran los siguientes:

6	12	12	4
5	10	11	8
9	6	7	12
14	6	4	10

De cualquier manera que se sumen estas columnas, el resultado final será 34. El 34 es el número del planeta Júpiter y su color es el azul.

LOS ASTROS Y EL NÚMERO PERSONAL

La astrología, para ser una ciencia con un grado alto de precisión requiere, como es lógico, de un estudio del día, hora y fecha de nacimiento de cada individuo, a fin de poder establecer la ubicación exacta de las constelaciones y, por ello, determinar qué variables rigen en cada personalidad. La astrología de difusión, la que abarca generalidades sobre las características de cada signo, puede ser más o menos acertada pero es indudable que su precisión dista mucho de ser la deseable puesto que, como es lógico, resulta imposible contener en un patrón común a millones de seres humanos que sólo tienen en común una época de nacimiento, pero difieren en una multitud de aspectos.

Sin embargo, a falta de un estudio astrológico personal, es posible perfilar más acertadamente las características personales si se apela a la ayuda de la numerología que, como se sabe, determina el número personal a partir de la hora, día, mes y año de nacimiento, lo que da como resultado una cifra entre 1 y 9. El modo de obtener el número personal ya ha sido explicado en el presente volumen en el apartado dedicado a la numerología.

Una vez en su poder, resulta más preciso poder definirse en las características generales del signo, tal como puede verse a continuación:

Aries: Signo de fuego que abre el zodíaco, es símbolo de fuerza y de impulsos desbocados, de rapidez, de dinamismo, de capacidad organizativa y de fuerza de voluntad. Si el número personal es 1, se trata de una personalidad entusiasta, ambiciosa por llegar al éxito, que luchará con tesón por conseguirlo y que pretenderá que los demás le reconozcan su esfuerzo pues se trata de una personalidad egocéntrica y autosuficiente, que siempre espera el halago y la lisonja, aunque actúe como si no le importara. A pesar de que aries es un signo seductor, en este caso no brillará en la vida social. Sentimentalmente es de una gran cortesía y cordialidad, pero no debe esperarse ni pasión ni sentimientos demasiado profundos. En 2, en cambio, la vida social es exitosa y todo el poder de atracción de aries se manifiesta en su plenitud. Si no se convierten en líderes, como suele ocurrir con las personas del signo, están muy cerca, fascinados por su carisma y su poder. Aries no sabe pedir perdón aun cuando en su interior reconozca errores. Cuando 2 es el número personal, no sólo no deberá esperarse la disculpa sino temer un contraataque motivado por la culpa. Si el número personal es el 3, se intensificará la virtud de aries de soportarlo todo con una sonrisa, hasta la palabra más hiriente. Está dispuesto a hacer lo que sea necesario para no romper el equilibrio, para que reine la paz. Aries, que generalmente identifica a individuos con buena capacidad para administrar el dinero, enfrenta en este caso corrientes internas que pueden determinar problemas económicos frecuentes. Aries suele ser un apasionado por la música y las cosas bellas de la vida. En 3, esta tendencia llega directamente al hedonismo y la sensualidad. Sin embargo, es preciso desconfiar de lo que se ve: si aries nunca es muy profundo en sus afectos, en combinación con el 3 delata corazones de hielo. Si el número personal es 4, en cambio, la afectividad será honda y, aun cuando aries sea un signo generalmente infiel, capaz de defender la fidelidad si ha logrado estabilizar un hogar en el que sea dichoso. A pesar de su fortaleza y energía, los arianos en 4 se deprimen con facilidad y tienden a autocompadecerse de su suerte, envidiando a los que, según ellos, son más afortunados. Es característico de este tipo de gente una excelente propensión para las tareas manuales, que ya de por sí caracteriza a la gente de aries. Pero si los arianos tienden a utilizar la prudencia para no verse seriamente comprometidos en nada y pasar la vida lo mejor posible, en un intento de "superficializar" la realidad que los distingue, este defecto se atenúa notablemente cuando el número personal es el 5 pues en este caso el sentido de la responsabilidad prevalecerá, impulsando hacia empresas ambiciosas. La contrapartida es que si un ariano es terco de por sí y jamás reconoce que se equivoca, con 5 como número personal cabe esperar que el mundo acabe antes a que él pueda admitir su error. Arianos y de 5, no resulta una buena combinación para el amor; los sentimientos serán moderados y poco expansivos. En cambio, es posible hallar mayor fuego en un nativo de aries con número personal 6, una vez que hayan logrado superar la desconfianza que sienten por todas las cuestiones sentimentales. La cautela y la moderación del signo se dan muy marcadamente en esta circunstancia, aunque, ya dentro del círculo de intimidad, la pasión pueda desbordarse. El ariano en 6 no está seguro de sí mismo a tal punto que si una característica del signo es detestar ser manejado con argucias y manipulado, el ariano en 6 hasta es capaz de agradecer y valorizar estas manipulaciones pues le hacen sentir que concentra el afecto y el interés de alguien. Como se sabe, el aries, que es un individuo activo y enérgico, es vulnerable y cae en depresiones fácilmente. Estos repliegues pueden ser graves en un ariano con número personal 7. En general, un ariano en 7 es el que puede sentirse desnudo cada vez que lea una descripción de las características de su signo, aunque algunas de ellas estarán agudizadas. Será aún menos responsable, aún más frívolo y aún más encantador en el juego social. Algo que llama la atención en la gente de aries es que no siendo generosos, tampoco son mezquinos, actúan en el plano económico de manera siempre moderada. Cuando el número personal es 8, esto se desploma y el ariano se convierte en un individuo avaro. También aumentarán sus ambiciones. Si aries identifica al individuo muy trabajador, que no duda en sacrificarse para alcanzar las metas propuestas, que convierte al trabajo en parte de sí mismo llegando incluso hasta la alienación y la cosificación, en 8 todo este potencial se instrumenta en función exclusiva de las ambiciones de poder, que son grandes e insaciables. Un ariano en 8 dentro de una empresa es una especie de misil al que nadie podrá desactivar hasta que alcance su objetivo. Posteriormente, es probable que permanezca mucho tiempo en el cargo debido a su capacidad especulativa. Aries, que detesta los tejes y manejes, con 8 en número personal, descubrirá rápidamente que todos estos elementos de conspiración le serán útiles para alcanzar su objetivo y no tendrá dificultad en adaptarse a ellos. Es evidente que uno de los problemas serios que tienen los nativos del signo de aries es su conflicto con la responsabilidad. No sólo huyen de ellas y llegan a herir a gente querida sin proponérselo con tal de zafarse de asumir una actitud madura, sino que se jactan de ser perpetuos adolescentes mentales y decretan para sí y para los demás que eso es un signo positivo, sin querer ver que, ante los ojos de los demás, con frecuencia cumplen un papel grotesco. Esta dolorosa flaqueza de los arianos alcanza ribetes dramáticos en los que tienen el número personal 9, cuya tendencia constante será la de suponer que la vida es como una fiesta continua. Por supuesto, compartir un rato con ellos puede resultar encantador, pero al rato todo el mundo se cansa y el ariano en 9 sigue repitiendo sus chistes cuando ya a nadie le interesa escucharlos. A pesar de su presunto optimismo, los arianos en 9 son víctimas de depresiones frecuentes y si - como corresponde a su signo - tienen la virtud de mantener la frente alta aun en los momentos más difíciles, a solas son numerosas las lágrimas que hace derramar la insatisfacción.

Tauro: Siempre que no sea para realizar proyectos o negocios en común, los tauro y los aries suelen llevarse bien. Los nativos de tauro son, por naturaleza, seres conciliadores y bondadosos, dispuestos a que la paz reine sobre todas las cosas, aunque esto jamás signifique para ellos debilidad, pues tauro es, en el fondo, un signo combativo y enérgico. Tauro hace a sus nativos simpáticos y atractivos, aunque con un número personal 1, este aspecto puede limitarse bastante debido a la aspereza de carácter y a una tendencia a colocarse siempre por encima de los demás en los juicios, acaso para disimular que en el fondo se padece un complejo de inferioridad. Tauro en 1 es brillante para los proyectos laborales de largo alcance, que requieren una profunda elaboración, pero menos fiel en el campo de los sentimientos de lo que es habitual en los nativos de este signo. Como se sabe, es tradición que los tauro tengan decenas de aventuras amorosas pero que modifiquen sustancialmente su comportamiento a partir del momento en que hallan a la persona amada, a la que tratan de serle fiel con sus mejores intenciones. En todo caso, si aparece la infidelidad es sólo por razones físicas y rápidamente se regresa a la persona que se ama. Un tauro en 1 posiblemente realice más de una vez estas divertidas escapadas sexuales sin consecuencias mientras que un taurino en 2 probablemente tenga la suficiente fuerza de voluntad para desdeñarlas. Una mujer que es taurina 2 posiblemente sea el arquetipo más perfecto de ama de casa dedicada a su esposo y a sus hijos sin otras metas que las de proporcionar felicidad a quienes le rodean. Tauro, que no es muy ágil en cuestiones de humor, mejora sensiblemente cuando el 2 es número personal. Aunque parezca difícil de imaginar, con un 2, un tauro hasta puede resultar divertido. Los taurinos suelen tener una relación muy posesiva con el dinero, lo que los lleva con frecuencia a la avaricia. Este riesgo se esfuma en los taurinos 3, que hasta pueden mostrarse generosos a la hora de hacer un regalo. El tauro en 3 tiene la particularidad de saber sacar beneficio de su simpatía innata para instrumentarla a favor de sus intereses. El tauro en 3 es un raro caso de individuo especula dos, en un signo exento de capacidad especuladora y con tendencia a establecer relaciones francas y abiertas con los demás. Tauro es el signo de la perseverancia, del trabajo metódico, de los buenos modales, de la manía perfeccionista por hacer las cosas del mejor modo posible. Tauro es fiel y armónico en el hogar y en las amistades. Por lo tanto, un tauro con número personal 4 es un tauro cuadruplicado, es la esencia misma de la naturaleza taurina. En cambio en 5 existe una presión interna por moverse, por preocuparse menos por las cosas sólidas y estables de la vida en beneficio a los placeres de la buena comida, las bebidas, el sexo, los viajes. Un aspecto negativo de los tauro en general es que son tercos y no admiten su error hasta después de haberse golpeado con la cabeza contra la pared. Con un tauro en 5 convendrá extremar la paciencia y no irritarse pues no sólo pensará de esta manera sino que en lo profundo de sí tenderá a desvalorizar a los que no piensen como él. Tauro, signo de la mansedumbre, puede revertir en un brutal estallido de ira cuando la paciencia se ha colmado. En 6 como número personal, estos estallidos pueden ser más frecuentes y con consecuencias más dolorosas, aunque tauro nunca es rencoroso y no inflige humillaciones para reconciliarse. Tauro, hay que decirlo, no se caracteriza por el brillo de su inteligencia. No es que carezcan de inteligencia sino que esta actúa con lentitud, la obstinación la paraliza y el brillo y la capacidad de deslumbrar no figuran entre sus atributos. Sin embargo, los nativos de tauro en 6 suelen ser un poco más ágiles mentalmente que los demás y hasta pueden resultar socialmente encantadores. Nunca será tauro la reina de la fiesta, pero si lo es, probablemente cuando su número personal sea 6. Los nativos de este signo son pacientes y metódicos y con 7 como número personal resultan excepcionales para llevar a cabo ese tipo de tareas laboriosas. Es cierto que un tauro en 7 posiblemente sea un avaro y terco, acaso sea el menos efusivo de los tauros y el menos responsable, pero en cambio será una persona muy amable, muy cordial y con un estado de ánimo en constante armonía. Los de número personal 8 pueden llegar a ser interesados; su corrección y cordialidad en el trato social pueden instrumentarla para escoger a sus amistades no tanto por su calidad humana como por otros factores en los que puede intervenir el prestigio y el dinero. Sin embargo, el tauro del 8 tiene una virtud más notoria que el resto de los nativos del signo y es que pueden llegar a admitir un error propio, pues se caracterizan por ser muy francos y honestos en el modo en que se juzgan a sí mismos. Esto hace que no tengan demasiados escrúpulos. De los nativos de tauro, por otra parte, siempre se esperan dos cosas: que sean buenos amigos, leales y solidarios, y que – tanto los hombres como las mujeres - en general estén dotados de un buen atractivo físico. El tauro con número personal 9 se halla muy alejado de lo primero y más cerca que ningún otro de lo segundo. El tauro en 9 puede ser un compañero divertido de aventuras, pero desaparecerá en el momento en que a sus amigos le surjan los problemas. Literalmente no puede soportar el pesimismo, la depresión, la amargura y rehúye los aspectos negativos de la vida al precio que sea. A pesar de su acusado egocentrismo, el tauro en 9 suele tener bastante éxito social debido a que, de entre todos los nativos del signo, es el más agraciado físicamente.

Géminis: Los nativos de este signo se llevan maravillosamente bien con los de aries y pueden establecer diálogos muy interesantes con los taurinos, aunque estos vínculos nunca puedan ser muy profundos. Géminis, por naturaleza, es la contrapartida de la profundidad. Todo en él es voluble, rápido, efímero, todo llega, es absorbido y disfrutado para ser abandonado rápidamente y cambiado por lo que sigue. Géminis es el signo de la contradicción, de la indecisión, de la gente que ansía probarlo todo y que en el fondo oculta una profunda insatisfacción. ¿Por qué razón? Nunca llega a saberse enteramente. Géminis cree busca el amor, pero cuando lo halla tiene grandes dificultades para conservarlo. Cree que busca el éxito, pero cuando lo obtiene se aburre de él mucho antes de lo que había previsto. Géminis necesita sentirse preocupado, necesita tener siempre problemas por resolver y si no los tiene, se los inventa. Cuando el número personal de un geminiano es el 1, esta volubilidad es positiva a nivel laboral pues lo dota de una gran capacidad de maniobra para operar, para negociar y especular y obtener beneficios que le favorecen en el campo profesional. Naturalmente, en el campo afectivo, no se le puede pedir a un géminis que sea fiel porque prácticamente ignora qué significa esta palabra. Si se lo acorrala, lo único que se logrará es que mienta, y es bien sabido que a un géminis no le cuesta trabajo mentir. Géminis en 1 es infiel e inestable y no tiene el menor reparo en acabar con una relación cuando el aire se densifica. Lo que pide es que se lo acepte tal como es, con sus virtudes y defectos. En cambio, un géminis en 2 tendrá verdaderas batallas íntimas para evitar caer en la mentira. Intentará que no se lo controle para no verse obligado a decir una cosa por otra y a cambio ofrecerá toda su simpatía y su arrollador atractivo. Los géminis en 2 suelen tener muy desarrollada la sensibilidad para la percepción artística pero, con el afán geminiano de tener siempre problemas, vivirán obsesionados, imaginarán fantásticas conspiraciones a su alrededor y temerán siempre ser robados o atacados en las calles oscuras. Sexualmente géminis es fácil de excitar, pero no acostumbra a dejarse llevar por los excesos y caer en abismos de pasión, salvo que se trate de uno cuyo número personal es 3. En este caso, la afectividad restringida de los geminianos parece expandirse notablemente y son capaces de enamorarse una y otra vez. Siempre se podrá advertir que un geminiano en 3 puede obtener beneficios extras de las personas de las que se enamora, tal vez porque aquí confluyen con más intensidad que en ningún otro caso la capacidad especulativa y la actitud interesada de los nativos de géminis. Cuando el número personales 4, las aventuras y los amoríos pasajeros no les deslumbran. Su fuerza, su volubilidad (de tan voluble que es), y su ambición, se concentra en el campo profesional y hasta pueden controlar su inestabilidad y ser responsables si ello es necesario para triunfar. Un géminis en 4 es el testimonio viviente de su tendencia estabilizante y armónica con la inestabilidad que le impone su propio signo. Esta lucha suele traducirse en úlceras, dispepsia y demás trastornos digestivos, que él mismo se encargará de hacer saber a todos los que le rodean, convencido de que sus problemas de salud son muchísimo más graves de lo que en realidad son. Un géminis en 4 es el tipo de gente que en vez de alegrarse se decepciona cuando el médico, revisando sus análisis, le dice que lo suyo no es grave. Cuando un nativo de géminis lleva el número personal 5, la inestabilidad y a indecisión confluyen con una pasión incesante e insaciable por los viajes y las transformaciones. Afectivamente son temibles porque pueden ser capaces de jurar lo que en realidad no sienten si eso sirve a sus fines y pueden decir adiós al día siguiente de haber formulado el juramento, sin detenerse a meditar en el daño que causan. Suelen ser excelentes conductores de coches y adorar a los niños y a los animales. Géminis es un signo de agilidad mental, de capacidad de percepción: cuando el número personal es 6, estas virtudes se ven potenciadas. Es el tipo de gente que puede abarcarlo todo con una mirada, que puede comprender en un minuto un problema que a otro le llevaría horas. La inseguridad natural de los nativos de este signo es muy notorio en 6 y no resulta extraño encontrar un géminis tímido que lleve el 6 como número personal y cuyo anhelo más secreto es ser querido, cuidado y protegido como un niño pequeño. Pero también hay que señalar que un géminis en 6 es todo lo desinteresado que puede llegar a ser un géminis, aunque no sea mucho. El nativo de géminis con número personal 7 puede engañar a quien no conoce este signo en profundidad. Ni se muestra indeciso ni corre de un lado para el otro. No se preocupa por deslumbrar socialmente y no tiene reparos en detenerse en una cuestión todo el tiempo que sea necesario hasta comprenderla en profundidad. Sin embargo, a poco que se les conozca bien se advertirá que su afectividad es superficial, que su desinterés por los demás es grande y que le aterroriza que lo aten, características muy propias de su signo. El géminis en 8 es impulsivo y contrastado. Pasa de la euforia a la angustia y de la alegría a la pena. Su dificultad para decidirse le lleva a sufrir de un modo exagerado y despliega una verdadera fascinación en el campo de las relaciones porque en el fondo siente pavor a sentirse rechazado. De todos los geminianos es el que tiene mayores posibilidades de hacerse rico, pues posee buena capacidad para administrar su astucia natural y realizar excelentes negocios. Finalmente, el géminis cuyo número personal es 9 puede ser un invitado sensacional en una fiesta. Tendrá las respuestas más ocurrentes, las ideas más brillantes y al día siguiente todos los presentes recordarán su nombre y desearán volver a encontrarlo. Cuando la fiesta acaba, nadie se entera que este tipo de persona la vida le depara porque, hay que decirlo, la suerte suele ser bastante generosa con los geminianos.

Cáncer: Los nativos de este signo se llevan decididamente mal con los de aries, les inquieta la escasa fiabilidad de los géminis y combinan maravillosamente con los tauro. Cáncer genera nativos físicamente atractivos y si su número personal es 1, logran neutralizar la tendencia pasiva, estática y contemplativa que es característica del signo y propone caracteres un poco más activos y perseverantes, inestables hasta la irritación pero pertinaces en su objetivo de forjarse una sólida posición económica. En general, debe subrayarse que los cáncer tienen intereses bastante definidos en lo que a riqueza y bienestar se refiere, aunque por su estilo parezcan individuos indiferentes, espirituales y desprotegidos que pasan de los bienes materiales: nada más lejos de la verdad. Cáncer cultiva con entusiasmo su imagen de ser caprichoso e hipersensible, indiferente a los placeres terrenales. Les encanta que los demás crean esto, del mismo modo que les encanta que todo el mundo acuda a protegerles y cuidarles. En el caso en que 2 sea el número personal, esta dependencia alcanza ya límites directamente patológicos. Literalmente no soportan la soledad, no toleran quedarse a solas con sus pensamientos (como muchos aries) y cuando no están con alguien, inmediatamente cogen una revista o un periódico, o encienden el televisor. Para un cáncer en 2, hay pocas cosas peores que el silencio. El natural desequilibrio del signo se aquieta de manera saludable cuando cáncer coincide con el número personal 3. Todo lo que de inestable, lo de histórico, melancólico y depresivo tiene el nativo de cáncer, se atenúa en este caso para conformar una personalidad mucho más equilibrada, que adora la rutina y la vida de hogar, que le encanta comer en buenos restaurantes y ver buenas películas y que tiene muy marcada una de las manías características de los cáncer: no tira nada al cubo de la basura. En casa de un cáncer siempre es posible encontrar un trozo de cordel, un corcho viejo para tapar una botella o una camisa pasada de moda que se ha guardado para cuando pueda volver a ser usada. En la casa de un cáncer en 3 puede llegarse al extremo de que una de las habitaciones de la casa se halla clausurada porque se la utiliza como trastero para guardar las cosas que se acumulan. Además, los cáncer en 3 no son tan buenos para el manejo del dinero como los restantes nativos del signo. Pero tienen una ventaja; son ligeramente menos hipocondríacos que los restantes nativos del signo. Porque si algo irrita en los cáncer es su obsesión con las enfermedades. Tienden a quejarse continuamente de los dolores que padecen o de los riesgos que enfrentan, de las enfermedades que están a punto de contraer o de las que contrajeron en tiempos pasados. Una atracción morbosa por el tema los lleva a interesarse por los males de los demás y a sacrificarse por cuidar enfermos. Un cáncer en 4 puede llevar estos irritantes menesteres a límites de lo insoportable y, para mayor irritación de los demás, no sólo no controlará este defecto sino que encontrará que quienes le rodean deben aceptarlo sin cuestionamientos. Los cáncer en 4, como compensación, son amigos leales, con los que se puede contar en todos los momentos. Son excelentes y responsables para ganar dinero, aunque su habilidad manual sea escasa. La sensibilidad, que en cáncer es muy extremada, roza la histeria cuando el número personal es 5. Románticos, supersticiosos, misteriosos, aventureros, viajeros incansables, imaginativos, son espíritus abiertos y receptivos, dotados de una excepcional capacidad de observación. Generalmente «la chica de los sueños» o «el príncipe azul» son cáncer en 5. El inconveniente que tienen es que se ofenden por cualquier cosa y sufren y exageran la situación. Afortunadamente, se olvidan de la ofensa tan pronto como obtienen la disculpa y recuperan el sentido exultante y la sed de vivir. Cáncer, que en general ama la discreción, la finura, la clase, el estilo, concentra estas virtudes con una elegancia que puede alcanzar lo exquisito cuando el número personal es 5. Cáncer, por lo general, adora la polémica y ocupa horas en discutir si la tierra es redonda o cuadrada por el mero placer de intercambiar opiniones. Un cáncer en 6 puede ser el último que se retira de la fiesta o puede llegar tarde al aeropuerto si le proponen una discusión. Pocas cosas en la vida -salvo las conquistas del sexo opuesto - le apasionan más que discutir y polemizar del tema que sea. Y como quiera que los nativos de cáncer son mentalmente ágiles, es capaz de mantener una prolongada discusión aun de temas que no domina por completo. Para los que tienen al 7 como número personal pertenecer al signo de cáncer es como un estigma. Ellos querrían superar su constante tendencia al desánimo y al pesimismo, vivir la vida alegremente y divertirse, sin tomarse la vida demasiado en serio. Pero el peso del signo los vuelve depresivos, temerosos y desconfiados. Su discreción les limita en gran medida las condiciones románticas y seductoras tan características de cáncer y, si se los engaña en este campo, se ofenden de tal manera que posiblemente nunca vuelvan a creer en los sentimientos ajenos. Cáncer ama las cosas raras y extravagantes, pero, sobre todo, ama que los demás hablen de él y le reconozcan sus méritos. Si su número personal es 8 se tratará del nativo con más sentido práctico y más realismo de todo el signo, hábil para ganar dinero y ambicioso por obtenerlo, aprensivo y depresivo que oculta íntimamente su vulnerabilidad, pasivo contemplativo que se transmuta en activo hombre de acción para obtener lo que anhela, y sobre todo porque cree que así logrará ser más amado. Como todo cáncer, lo único que le importa en el fondo de su corazón es que le quiera la mayor cantidad posible de gente. Son los hombres que componen sus propios coches y las mujeres expertas en bricolaje que resuelven por su cuenta y con pericia una avería de la nevera. Sin embargo, un cáncer en 9 verá muy menguados estos atributos. Su característica es lo espiritual, el remordimiento, el pasado que marca el presente con su carga de culpa, el deseo de huir de todo, el anhelo enfermizo de fiestas y diversiones en los que procurará sobresalir y, disimulando la profundidad de su melancolía, mostrarse ante los ojos de los demás como un hombre divertido y feliz.

Leo: El signo del Sol, el de los colores amarillo y naranja, el que congrega gran cantidad de triunfadores, el de los hombres de virilidad sexualizada y las mujeres altaneras, establece relaciones sólidas y leales con aries. Salvo que sea en el plano sexual, donde la mutua atracción física es frecuente, no puede entenderse en nada con tauro. También tiene problemas con géminis y en cambio establece relaciones dominantes y frecuentemente dichosas con el pasivo cáncer. Leo es emotivo e impetuoso, orgulloso y rebelde. Leo es el signo más fuerte del zodíaco y quien tenga al 1 por su número personal seguramente será un leo al cien por cien: activo, vital, egocéntrico, individualista, autosuficiente, despótico, generoso y con muchísimas posibilidades de triunfar en la vida. Pero es necesaria una gran pasividad y sumisión para compartir su vida. En cambio, cuando se trata de un leo en 2, el calor de la impetuosa pasión puede conllevar momentos de éxtasis y felicidad. Claro que un leo en 2 es un individuo menos magnético, menos seguro de sí mismo y hasta pueden mostrarse cobardes, pero su sensibilidad, su fidelidad y su romanticismo compensarán sus carencias. Leo es un signo para brillar y sobresalir. Rara vez un leo es un fracasado y si lo es, la vida seguramente le deparará una nueva oportunidad que él no dejará escapar. Cuando el número personal es 3, este afán por sobresalir va acompañado de un anhelo de perfección, de hacer las cosas del mejor modo posible, apoyado por una prodigiosa imaginación. Leo, que es generoso por naturaleza, en este caso suele llegar al exceso y la falta de control, acarreando serios problemas. Afortunadamente se dice que los leo hacen dinero con la misma facilidad con que lo pierden. Leo en 3 es señal de un amante excelente: generalmente se trata de seres con una vida afectiva sana, rica y perdurable. Su salud es menos fuerte de lo que necesitarían para llevar a cabo sus ambiciosos planes. Si leo es por naturaleza un signo de ingenuidad e inocencia, pocas cosas resultan más sencillas en este mundo que engañar a un nativo cuyo número personal sea 4. Llevan de su signo la buena fe, la confianza en la gente, el sentido de la amistad y la solidaridad, el apego a la familia y al hogar. Cuando descubren que han sido engañados reaccionan con una violencia que nadie esperaba en aquel individuo tan equilibrado. Pero luego, cuando se calman, olvidan la ofensa y vuelven a plantarle cara al mundo con la misma confiabilidad de siempre, como si la traición no les hiciese mella. El número personal 5 determina en leo el impulso de protección a los débiles, pero también el despotismo. En el hogar todo debe ser como él dice y a pesar de que intentará mostrarse como flexible, en el fondo puede llegar a ser más terco que un aries o un tauro. Leo, que es realista y no se interesa demasiado por los sueños imposibles, combina en 5 el ansia de una vida sin monotonía, por lo que suelen ser la combinación que produce personalidades hábiles para los negocios de exportación, para los representantes que realizan ventas espectaculares, para los afortunados propietarios de agencias de viajes o los pilotos aeronáuticos con mayor pericia. Leo en 6 genera individuos ostentosos y fanfarrones, pero en el fondo buenos amigos y seres inocentes a los que resulta fácil vulnerar. El bienestar es en leo una necesidad vital, no soporta las estrecheces ni las limitaciones. Un leo en 6 necesita, además, que todos se den cuenta de que es un triunfador, y si se le dice, si se le colma de alabanzas, se estará frente al ser más feliz del planeta. Después de todo es un leo, y no puede resistirse al placer de impactar, de llamar la atención, de lograr que todas las miradas se concentren en él. El menos generoso de todos los leo es el que lleva el número personal 7. La naturaleza expansiva del signo halla su control aquí en función de ideales muy concretos. Un leo en 7 puede sorprender a quienes le conocen adoptando una dramática decisión en el terreno sentimental sin dejar traslucir ninguna emoción aun cuando —por ser un leo— las emociones se agolpen en su corazón y se sienta destrozado por dentro. Leo no tolera el fracaso y en conjunción con el número personal 7 puede llegar a cometer una absurda locura antes de admitir el derrumbe ante los ojos de los demás. Esto hace que en el fondo leo en 7 sea un individuo cargado de melancolía. La alegría de leo es retaceada por el misterio de la propia contradicción interna que pugna por salir y no lo consigue. De todas formas, su batalla interior no guarda comparación alguna con la que se desarrolla dentro del corazón de un leo en 8, proclive a todos los excesos y los extremismos. Un leo en 8 puede ser un fanático y sanguinario dictador o un miliciano revolucionario cargado de idealismo, un jefe despótico sin atisbos de piedad o un médico abnegado que arriesga su vida por salvar la de los demás. Leo en 8 es dinamita, una explosiva mezcla de pasión e ímpetu, de falta de escrúpulos e intereses inconfesables. Un nativo de leo con número personal 8 puede hacer regalos desmesurados, emprender solo una aventura peligrosísima sin titubear o cruzar continentes impulsado por la fe en sí mismo o al calor de una pasión. Pero a diferencia de los demás nativos del signo, puede no perdonar una ofensa y cortar con un vínculo afectivo de la noche a la mañana. Los leo en 8 necesitan comprensión pero, sobre todas las cosas, necesitan mucho espacio para moverse. Lo peor que se puede hacer con ellos es tratar de aprisionarlos. Leo en 9, en cambio, perdona con facilidad y olvida rápidamente. Es indolente, perezoso y poco confiable, pero resulta terriblemente atractivo y sus irresponsabilidades le son perdonadas constantemente en nombre de la simpatía que despliega. Su generosidad no conoce límites y tienen una gran disposición para ayudar a los demás. No sienten tanto apego como el resto por la vida familiar pero, en cambio, adoran las pandillas, las cenas de camaradería y el reencuentro con los viejos amigos.

Virgo: Signo del espíritu y la buena salud, de hombres vestidos de manera impecable y muy conflictivos en el matrimonio; de mujeres bellas, frías y especuladoras. Tienen excelentes relaciones comerciales y amistosas con aries pero absolutamente desastrosas cuando interviene el factor sentimental. Virgo y tauro son signos fieles, de modo que, además de la mutua atracción física y espiritual, tienen buenas posibilidades de establecer relaciones duraderas. Con géminis, el entendimiento sólo puede ser espiritual: en general, juntar estos signos produce aburrimiento y rutina. Con cáncer todo vínculo resulta peligroso pues la diferencia de estilos terminará hiriendo las susceptibilidades. Leo ejerce una fuerte atracción física y hasta es posible entenderse con buena voluntad mutua.

Los nativos de este signo tienen una sensibilidad muy marcada. Si su número personal es 1, este aspecto se hallará potenciado hasta entrar en el campo de lo morboso. Virgo en 1 casi siempre acusa aspectos paranoicos: supone que los demás quieren perjudicarle, prejuzga siempre con desconfianza y, lo que es peor, en su interior está convencido de que actúa adecuadamente. La seriedad natural de Virgo en este caso es una verdadera virtud en el campo profesional: se trata de individuos capaces que luchan de modo perseverante por alcanzar sus objetivos. Son ligeramente vanidosos y, en la intimidad, fríos como el hielo. Un virgo en 2 lleva hasta las últimas consecuencias la pasión por el orden, la claridad de ideas y la moderación que son característicos de los virgo. Es el tipo de gente que dobla el pantalón cada vez que se lo quita y lava el vaso después de usarlo. También sienten desconfianza de todo el mundo y son ligeramente aprensivos. Siendo inteligentes, necesitan ser guiados y orientados. A virgo en 2 suelen pertenecer los grandes censores, los puritanos y los de moral hipócrita que ante los ojos de los demás se comportan como personas intachables y en la intimidad se apasionan por todo aquello que en público reprimen. Un virgo con número personal 3 destaca algunas de las mejores cualidades del signo. Son muy sensibles a los problemas ajenos, buenos amigos, extremadamente amables y hasta tienen una cuota de humor, cosa muy difícil de encontrar en un virgo. Anhelan que todo lo que les rodea sea perfecto y armónico y colaboran decididamente para lograrlo. Son un poco aburridos y previsibles, pero afectivamente son comprensivos y pueden llegar a realizar sacrificios increíbles por las personas que aman. Los virgo en 4 tienen muy intensificada una cualidad general del signo: el desprecio por la alabanza inmerecida. Por supuesto que necesitan del reconocimiento como todo el mundo, pero son seres sencillos, que detestan llamar la atención y que piensan que todo su esfuerzo no es más que su obligación. Son fieles, leales, sensibles y bondadosos, pero al mismo tiempo competitivos y envidiosos. Puestos a cotillear, pueden hacer pedazos a una persona con sus comentarios sin menor piedad, y como sienten una pasión enfermiza por atisbar en la vida ajena, siempre tienen datos para corroborar sus comentarios. Los virgo con número personal 5 no tienen demasiado tiempo para perder en hablar mal de los demás. Las únicas personas que detestan son aquellas que no valoran su inteligencia. Pero las dejan de lado rápidamente: un virgo en 5 no tiene reparos en sustituir a un amigo por otro, una pareja por otra. Su extremada sensibilidad pareciera estar adaptada a su sentido especulativo de la realidad. Lo único que importa es el trabajo (por encima de la vida afectiva) y lo único que importa del trabajo es alcanzar los objetivos propuestos, sin que medien escrúpulos por el camino elegido. En general los virgo en 5 suelen ser conservadores y retrógrados a nivel político, aunque hay que decir que, a nivel general, es un signo de opiniones moderadas, de gustos burgueses y de posiciones políticas mucho más verbales que reales. Virgo en 6 cae siempre bien socialmente y suele divertir a sus amigos con sus mordaces comentarios. Su lengua es un puñal afilado. Pero son desinteresados, generosos con los demás y en las cuestiones comerciales exhiben un sentido práctico que generalmente les proporciona abundancia de dinero. Tardan bastante en resolver su vida sentimental pero cuando lo hacen suelen ser uniones estables y duraderas. Un virgo con número personal 6 detestará el misterio, las cosas poco claras, lo que no es tangible y seguro. Generalmente viven en casas muy luminosas y confortables, aunque la decoración será ligeramente convencional. Un virgo en 7 casi siempre es tranquilo y sosegado, amable en el trato y poco brillante. Pero si se le hace sentir que su inteligencia no es convenientemente evaluada, se ofenderá e intentará devolver la ofensa intrigando y creando malestar.

No suelen ser ricos pero sí muy sanos y en la madurez alcanzan una posición económica suficientemente sólida que les permite vivir confortablemente. Virgo en 8 es pedante, vanidoso y con un sentido crítico tan implacable acerca de los demás que puede volverse desagradable. Suelen ser afortunados en cuestiones de azar y su capacidad de análisis y reflexión es verdaderamente perfecta. Su inteligencia no es del tipo de las que puedan deslumbrar, pero resulta de una eficacia admirable. Desde el punto de vista afectivo, acaso se trate de los más apasionados de los nativos de este signo de pasiones moderadas y nunca excesivas. Necesitan del reconocimiento de los demás para sobresalir y, si no lo logran, se convierten en individuos frustrados. Los burócratas que son virgo en 8 suelen ser los empleados más detestados por sus compañeros por su egoísmo y falta de solidaridad. En cambio, un virgo en 8 que ha triunfado puede ser generoso y magnánimo con los seres queridos y aun con alguien que se halla en mala situación, aun cuando no le unan lazos de amistad. Virgo en 9 posee una sensibilidad verdaderamente refinada, por lo que su percepción en cualquier rama del arte es verdaderamente excepcional. Desgraciadamente, tienen conciencia de ello y tienden a desvalorizar a quienes no le reconocen tal virtud. En el plano social se muestran vanidosos e irritantes, pero en la intimidad son comprensivos y muy sacrificados. Su propia sensibilidad les hace sentirse heridos muy fácilmente ante las actitudes de los demás, por lo que requieren mucha ternura y paciencia en la relación amorosa. También suelen ser afortunados en los juegos de azar. Buena salud, aunque posibles problemas crónicos en el aparato respiratorio. Un virgo en 9, sin embargo, no parece muy apto para triunfar en el comercio porque su impulso natural al orden se contradice con una tendencia a la dispersión que le impide luchar con tesón por alcanzar un objetivo. Su capacidad de sacrificio se esgrime solamente cuando existe una posibilidad de más.

Libra: El símbolo de la balanza, la sencillez, la serena alegría, la ecuanimidad, de la gente sociable y gentil, de los hombres de porte y trato caballeresco y las mujeres combitas, de ojos expresivos y enorme simpatía, no puede combinar de modo adecuado con la inestable y complicada personalidad de aries, aunque el impulso de ambos puede resultar positivo cuando se asocian por cuestiones de dinero. Si un nativo de libra es sumiso y de tendencia pasiva, puede aceptar el dominio de tauro, pero esto rara vez sucede porque los libra son muy independientes y los tauro necesitan dominar. No existe mejor combinación para libra que géminis: son enteramente afines y las relaciones de todo tipo pueden resultar dichosas y, sobre todo, armónicas. Si libra controla sus impulsos y es fiel, aumentan sus posibilidades de entendimiento con leo, en caso contrario, ni siquiera en la amistad esta unión es recomendable pues creará frecuentes fricciones. Con virgo, en cambio, estrecha vínculos rutinarios y un poco previsibles, pero llenos de inteligencia y apacibilidad.

El hígado y los riñones de un libra con un número personal 1 posiblemente le traigan problemas crónicos. Es probable que beba más de la cuenta y esto perjudicará su salud. En el amor son apasionados, mucho más de lo que puede esperarse de su modo de manifestarse ante el mundo, lleno de prudencia y hasta de aparente frialdad. Pero hay un volcán ardiente que yace escondido. Libra en 1 es muy apto para tareas engorrosas y complicadas que requieren tesón, paciencia y energía. No tendrán una fortuna aguardando en el futuro, pero sí un merecido reconocimiento por el esfuerzo. El número personal 2 de un nativo de libra potencia su sencillez, su afán por las cosas simples, su atracción por la vida sin complicaciones. Los arqueólogos, los geólogos, los guardabosques, las personas que escogen profesiones que le permiten vivir en contacto con la naturaleza y lejos de las grandes ciudades, bien pueden ser libra en 2, individuos que detestan las complicaciones del comercio y se sienten perdidos cuando tienen que actuar con diplomacia o de manera especulativa. Por supuesto, en el aislado refugio que escojan no estarán solos: son personas que necesitan sentirse permanentemente queridas y cuidadas. Libra en 2 no tendrá muchos amigos, pero los que prefiera serán aquellos que se hallen en una posición superior a la suya, no por interés sino porque le fascinan los triunfadores. Un nativo de libra con signo personal 3 será tan amable y correcto como cualquier otro libra, pero dispondrá de un encantador sentido del humor. Disfrutará sobresaliendo en las fiestas y será feliz si advierte que puede proporcionar alegría a los demás. Su inteligencia, su imaginación y su notable rapidez mental los empleará para establecer relaciones dichosas y armónicas con sus semejantes. Pero en su intimidad resultará ser bastante perezoso, esperará que los demás le resuelvan los problemas y, si por un lado exigirá amablemente fidelidad a quienes le amen, por el otro se cuidará muy bien de pagar con la misma moneda, encontrando mil caminos para justificarse a sí mismo. Los libra en 3 suelen tener mucho éxito en los negocios o son afortunados en los juegos de azar, pero el dinero desaparece de sus bolsillos con la misma rapidez con que ingresa a ellos. Sin embargo, se sentirían las personas más felices del mundo si alguien allegado se encargará de administrar su economía. Cuando el número personal es 4 y el signo es libra, se hace evidente que lo que más detestan en la vida es pelearse y discutir. Pueden llegar a prescindir de su propia posición en un afán conciliador. Sin embargo, tras tanta bondad se oculta un corazón que se resiente con facilidad y que, si la boca perdona, la mente no olvida y la memoria guarda durante mucho tiempo las afrentas del pasado. Aparte de esto, son excelentes como amigos y pueden llegar a realizar grandes sacrificios o desprenderse de objetos de valor que estiman si tal gesto puede hacer feliz a alguien a quien aman. Son infieles, introvertidos, ingeniosos y muy románticos. Libra en 5 tiene absolutamente remarcada una característica inherente a los nativos del signo: la posibilidad de penetrar hondamente en la psicología de otra persona solamente con un gesto o una palabra. Por tal razón, a los libra con número personal 5 les encanta actuar de paño de lágrimas, que los demás les confiesen sus problemas y esforzarse sinceramente por ayudar. Son resueltamente entrometidos, torpes en la vida cotidiana, conductores más bien lentos, excesivamente prudentes, desconfiados y, con frecuencia, hipocondríacos. Á diferencia de los demás nativos del signo, pueden combinar los colores de la ropa sin tino, pero más que nada debido a su distracción. La capacidad de escrutar en lo profundo de los otros y un análisis minucioso e inteligente del material obtenido distingue a los nativos de libra cuyo número personal es 6. No tienen malicia en su actitud, de modo que nunca utilizan esta información en contra de la persona a la que han desnudado psicológicamente. Son personas inseguras y nerviosas, que desconfían de los demás mucho más de lo que traslucen y a las que les resulta difícil establecer vínculos afectivos estables. En la vejez suelen gozar de comodidades y un apreciable confort. Pero tienen un excepcional sentido del deber respecto de la familia y pueden ayudarla a nivel económico aun cuando ese esfuerzo no sea realmente necesario. Los libra en 6 suelen ser los hijos varones de los cuales las madres se sienten orgullosas en la vejez. Aunque una de las características más singulares de este signo sea su extrema da sociabilidad, el libra con número personal 7 nunca se esfuerza por cultivarla con plenitud sencillamente porque sus intereses son otros: siente una verdadera inclinación hacia la belleza y las artes y su sensibilidad y su inteligencia le resultan un apoyo eficaz. Pero su sensibilidad les avergüenza. Frecuentemente se muestran hoscos o cortantes pero no es que quieran serlo sino que intentan a cualquier precio disimular su vulnerabilidad. No soportan sentirse atados y les resulta muy difícil comprender las relaciones de dependencia que, inevitablemente, conllevan todas las relaciones afectivas. Estos singulares individualistas que nunca levantan la voz y que se cuidan de llamar la atención, pueden comportarse de un modo mezquino con el dinero y tal vez un poco demasiado lentos en las reacciones. Si el número personal es 8, seguramente será el más beneficiado económicamente de todos los nativos del signo. Pero será también un hedonista: adorará la comodidad, el confort, el ocio, los placeres de la vida. Le fascinará la ropa de calidad y los coches caros. Será perezoso, se aburrirá si pretenden darle consejos y se mostrará espléndidamente diplomático para librarse de las obligaciones que no quiere asumir porque él tiene muy claro cuál es su camino en la vida, cuáles sus deberes y sus derechos. Este individualismo exacerbado lo trasladará también al plano afectivo. Nunca será violento, pero sabrá manipular los momentos de tensión en beneficio propio y no habrá modo de hacerle entender que se equivoca, pues su éxito en el mundo le convence de que es un hombre ecuánime, aunque no lo sea. Un libra en 9, en cambio, duda permanentemente si es o no justo y necesita que los demás se lo digan, tal vez con excesiva frecuencia. Divertido, brillante, buen compañero en absurdas aventuras, bebedor y mujeriego pero con sociable moderación, siempre tenderá a huir de los aspectos desagradables de la vida y no habrá forma de hacer decaer su optimismo. Se fascinará con los pleitos legales y las historias complicadas, pero tendrá mucho cuidado en evitar que algo de toda esta maraña interfiera en su vida. Afectivamente, preferiría relaciones apasionadas, gentiles y románticas más o menos breves, que vínculos estables y monótonos. La fidelidad no tiene valor para él, pro respeta del mismo modo que exige que los demás respeten el derecho de cada uno a elegir su propia vida de acuerdo a lo que más le plazca.

Escorpio: El signo de las pasiones, los excesos, la violencia, el éxtasis y la soberbia, de los hombres guapos, robustos y seductores y las mujeres atractivas y ardientes, de las afrentas que no se olvidan, los adioses, las venganzas y las pasiones más incontenibles, el auténtico volcán de lava hirviente del sistema zodiacal, tiende a tener eléctricos enfrentamientos con el muy activo aries. Ambos son signos potentes y ninguno de los dos tolera sentirse dominado. Sin embargo, existe respeto mutuo y en el plano sexual, las relaciones pueden ser tórridas y gratificantes. Tampoco tauro tiene la maleabilidad suficiente como para someterse o compartir el mando con un escorpio. Los vínculos entre estos signos suelen caracterizarse por un continuo vaivén de atracción y rechazo, con grandes y violentas peleas y maravillosas y románticas reconciliaciones que se suceden una detrás de la otra. Escorpio es fuerte, detesta a los débiles y no soporta la deslealtad, de manera que la duplicidad de géminis no le resulta favorable ni para el amor ni para los negocios. Tampoco hace buenos contactos con leo: son dos potencias despóticas que utilizan armas diferentes pero que tienen un mismo objetivo de dominación. Por lo demás, escorpio y leo rara vez se atraen físicamente. Lo común es que se establezca una respetuosa indiferencia. Con libra, en cambio, puede tener buenas relaciones de trabajo o de amistad. Pero tampoco nacerá una auténtica atracción entre ambos. En cambio la pasiva espiritualidad de virgo le resultará un perfecto complemento aunque será con cáncer con quien pueda tener la mayor posibilidad de establecer un entendimiento profundo y apasionado.

Cuando un nativo de escorpio tiene su número personal en 1, resultará pura dinamita. Será superactivo en el campo profesional y el éxito no tardará en llegar. Pero eso no será suficiente: escorpio en 1 posee una ambición sin límites. Cuando se haya acostumbrado al éxito querrá llegar más allá. Es una característica de este signo la pasión irresistible por los desafíos y las dificultades. Cuando un escorpio en 1 descubra que por ambicionar triunfos mayores pueden perder el éxito obtenido hasta entonces, no titubeará. Jugará el todo por el todo sin pestañear. Por supuesto, tiene muchísimas posibilidades de ganar y él lo sabe. Tal vez por lo bien que se conoce a sí mismo y la confianza que tiene, en el trato es una persona vanidosa, autosuficiente y con una altanería que a veces resulta humillante para los demás. Pero el escorpio en 1 no se da cuenta: cree que todos son tan fuertes y resistentes como él y que nada los amilana. A pesar de tratarse de un signo apasionado, es posible que un escorpio en 1 no sea demasiado decidido en sus sentimientos. Su ambición y su innata habilidad para los negocios le demanda todo su interés: su objetivo es el poder y el dinero. El escorpio en 2 es un amigo verdaderamente excepcional, generoso, solidario, buen compañero, ocurrente, capaz de poner toda su enorme inteligencia al servicio de aquellos que quiere. Es fiel y no hace alarde de ello, pero espera que le paguen con la misma moneda. Es muy celoso, aunque no admite que le echen en cara su propio pasado. Sincero, cordial, menos violento que el resto de los nativos del signo, lleno de sensibilidad para la música, la literatura, el cine y el contacto con la naturaleza, tiene el defecto de vivir temiendo que los demás le mientan o le traicionen. Naturalmente, cuando es traicionado, no perdona jamás. Puede llegar a pasarse la vida entera rumiando su odio y su sed de venganza que, posiblemente, nunca llegue a concretar pues de hacerlo perdería uno de los motores de su existencia. Un nativo de escorpio con número personal 3 puede ser una muestra bastante elocuente del magnetismo asombroso que poseen los escorpiones. Su conversación fascina, su personalidad hechiza. Resulta imposible conocerle por completo pues tiende una coraza de protección frente a las miradas ajenas, pero lo hace de un modo divertido, con un agudísimo sentido del humor y un brillante manejo del juego social. Sin embargo, en lo profundo será muy interesado y especulará y tramará todo lo que sea necesario para lograr que los demás hagan lo que él quiera. Tiene conciencia de su magnetismo y lo utiliza con una frialdad implacable para obtener la victoria. Generalmente administra mal el dinero, pero aun así su madurez es confortable y es generoso para compartir lo que posee con los demás. Escorpio en 4 es temible porque ejecuta las venganzas que planea, porque ignora el sentido de la misericordia y porque, cuando entra en un estado depresivo, la melancolía puede llevarlo a las puertas de la autodestrucción. Se necesita paciencia e inteligencia para ayudarle y, sobre todo, mucho amor. Pero no un amor cualquiera: los nativos de escorpio, en general, reclaman la calidad de amor que necesitan, no la que se puede prodigar a una persona u otra. Por lo demás, los escorpio en 4 son magníficos para realizar tareas que requieren una paciencia infinita, sobre todo si se hallan en la estera comercial, y tienden a establecer relaciones duraderas en el campo de la amistad y el amor. Los escorpiones con número personal 5 se van de la casa paterna muy pronto: no soportan sentirse dominados ni controlados. Se reconcilian rápidamente con la familia, pero desde una posición de igualdad, que es lo menos que su propio orgullo les exige. No temen salir a la aventura. En realidad, prácticamente no le temen a nada y los viajes y los cambios figuran entre sus actividades favoritas. Detestan la cobardía y la mentira y como amigos son sinceros y leales. Tienen facilidad para sanar dinero pero, con frecuencia, no la aprovechan. Les obsesiona el sexo y pueden arriesgarse a situaciones peligrosas o degradantes con tal de obtener satisfacción. Afectivamente son contradictorios y necesitan de un afecto compensatorio, es decir, apacible y armónico. Si no lo encuentran, no le temen a l la soledad. Tampoco los escorpio en 6 temen a la soledad. Es más, nunca se aburren, ni aun estando solos. Todo les asombra y subyuga pues su curiosidad es insaciable. Son entrometidos y malos confidentes porque hablan demasiado, pero nunca lo hacen con deliberación. Su inteligencia suele asombrar a los demás por la rapidez con que la ejercitan, lo cual los convierte en enemigos temibles, sobre todo porque un escorpio en 6 adora discutir y pelear y no hay tensión que lo arredre. Es precisamente allí, en el fragor del combate, cuando se siente en su elemento. Si un escorpio en 6 parece vencido, más vale temer su respuesta. Los escorpianos no se abaten jamás y el contraataque de un escorpio en 6 puede resultar feroz y desmesurado. Un nativo de escorpio con número personal 7 será cálido, agradable y muy sociable en presencia de terceros pero solamente correcto y distante junto a la persona que ama, de la que exigirá más que del resto de los habitantes del planeta. Sin embargo, en la más estricta intimidad, su pasión será desbordante. Individualistas hasta la egolatría, soberbios y despreciativos, pueden ser desagradables si obtienen el poder que ambicionan y hasta mezquinos o pérfidos por resentimiento. Pero serán extremadamente perseverantes y pacientes con los que quieren y, en el fondo, muy ingenuos, y fáciles de conquistar. A un escorpio en 7 le fascinarán los deportes violentos y, como padre, será extremadamente protector, pero no habrá que extrañarse si se pelea y discute con los niños como si se tratara de un niño más, porque es así como él se siente en ese momento. La tremenda presión interna que concentra en su mente su vida de adulto la descarga en su tiempo libre dedicándose a actividades que a veces parecen tontas o ingenuas a los ojos de los demás. Un escorpio en 8 es como la condensación integral del signo. Cuando se lee en un libro especializado en una revista una descripción tradicional de la personalidad de escorpio, el nativo cuyo número personal es 8 no puede menos que sentirse desenmascarado: impetuoso, impulsivo, ardiente, rencoroso, con un descuido total por su salud que lo lleva a cometer todo tipo de excesos de los que termina arrepintiéndose en la madurez, ambicioso y altanero, posee un sentido del humor verdaderamente remarcable y una gran habilidad para los negocios y el comercio. No aceptan que los demás les den consejos y, sin embargo, siempre están dispuestos a proporcionarlos porque tienen una mirada protectora y paternalista, producto de una íntima convicción que no confiesan de sentirse ubicados un poco por encima de los demás. Como enemigo, un escorpio en 8 puede ser despiadado y como amigo, leal y sacrificado. Sus escrúpulos son mínimos: no titubeará en destruir a quien obstruya su paso hacia la meta que se ha trazado. La fascinación y el magnetismo de los nativos de este signo resulta verdaderamente irresistible en los que tienen número personal 9. Son conquistadores y su deporte favorito es precisamente conquistar, seducir. Saben decir la palabra justa o hacer el gesto menos esperado. Entretejen una verdadera telaraña hasta lograr atrapar a la presa que desean. Pero si encuentran a alguien que les resiste o que actúa de un modo más egoísta que ellos, pueden enamorarse de verdad y establecer relaciones duraderas. Asimismo, son aventureros, adoran los viajes, conducen el coche con sagacidad y poca paciencia y dominan el propio carácter a la perfección. Por eso, si caen en un pozo de melancolía, cosa que les ocurre con bastante frecuencia, se muestran como realmente son, es decir, vulnerables, contradictorios e irritables, mucho menos fuertes de lo que les gustaría ser.

Sagitario: El arquero hace a sus nativos divertidos, brillantes, famosos y afortunados. Es un signo optimista, de hombres físicamente importantes, seguros de sí mismos, amantes del hogar y de los niños y de mujeres luminosas y seductoras, altas, de piernas largas y muy independientes. Los sagitarianos se llevan estupendamente con los nativos de aries, a pesar de que le resulten un poco aburridos. Pero el empuje de ambos los acerca mientras que con tauro, la independencia de sagitario se estrella y, por lo tanto reuniones nunca son perdurables. Con géminis pueden tener negocios en común o proyectar sociedades mientras que con cáncer sólo puede existir una buena amistad si existe tenacidad de parte de ambos. Pero sagitario es un signo demasiado activo como para que los nativos de cáncer puedan resistir su endiablado ritmo por mucho tiempo. Sagitario y leo combinan maravillosamente: tienen en común la lealtad, la sinceridad, la arrogancia y una visión del mundo que con mucha frecuencia es coincidente. Con virgo existe una enorme atracción física, casi irresistible, pero se comete un error si se intenta profundizarla pues no existe afinidad posible. Sagitario y libra conforman uniones perdurables, tanto en los negocios y la amistad como en el amor, pero es probable que el sagitariano se sienta prisionero y no se sienta muy feliz en un vínculo tan poco matizado, tan carente de imprevistos. Sagitario y escorpio son perfectos como cómplices, pues se respetan mutuamente y cada uno sabe cómo aprovechar los atributos del otro. La unión será duradera pero con tempestades y las peleas frecuentes que marcarán la tónica del vínculo.

Un sagitariano cuyo número personal sea 1, será excelente para las cuestiones profesionales, trabajará sin escatimar energías y asombrará por su tenacidad. Pero no conseguirá una riqueza desmedida ni gran poder como objetivo de todo este esfuerzo porque lo único que el sagitariano halla C pretende es que se le reconozcan los méritos, que todo el mundo lo estime y lo valore. Ególatras, vanidosos, son, sin embargo, justos y leales con sus compañeros de trabajo o socios y jamás se puede esperar de ellos una traición. Sagitario es posiblemente el signo más confiable de la constelación zodiacal. Sin embargo, no debe preocupar demasiado esta falta de ambición de un sagitario en 1 por el dinero: los juegos de azar le son muy favorables, así como las posibilidades de hacer fortuna repentinamente. Los sagitarios con número personal 2 están menos preocupados por sobresalir y obtener el reconocimiento público. Les basta con el cariño leal de quienes les rodean. Son simpáticos, cordiales, divertidos y chispeantes, pero también impacientes y ansiosos y a pesar de su inteligencia notable, ligeramente pasivos en el momento de tomar decisiones: sienten terror ante la posibilidad de equivocarse al asumir una responsabilidad, de modo que prefieren desligarse y que las decisiones las tomen los demás. Su orgullo es muy grande, sin embargo, no les importa ser colocados en segundo lugar. Su visión divertida de la vida les hace pensar que si las responsabilidades son menores, podrán pasarla mejor. El número personal 3 representa, para un sagitariano, la potencialización de su notable capacidad imaginativa y su fabulosa intuición. Si son heridos, pueden responder de un modo breve y afilado, con un comentario asestado justo en el lugar donde más pueda doler al ofensor. La cualidad extrovertida del signo se halla controlada y no resulta extraño encontrarse con un sagitario en 3 que se torna misterioso y esquivo en el momento de delatar sus emociones. Pero no soportan la vulgaridad y no tienen ningún reparo en defenderse de ella. Como amigos son sencillamente estupendos aunque en la vida de pareja puedan ser inconstantes y muy indecisos. Si el número personal es el 4, serán perseverantes en el trabajo, dedicados, simpáticos y queridos por todo el mundo por su buen carácter. Pero si estalla la ira - y estalla con frecuencia en estos casos - la personalidad se transforma y la crisis adquiere con frecuencia matices histéricos. Cuando el sagitario en 4 está furioso y pierde el control de sí mismo, no se detiene a considerar el daño que puede ocasionar a otras personas con su actitud. La benevolencia, un atributo característico del signo, se halla muy marcada en los sagitarianos que llevan el 5 como número personal. Pero también es notable su torpeza que, debido al enorme sentido del humor, con frecuencia se convierte en un acto divertido. Son muy hirientes en sus comentarios y desconfían fácilmente de las buenas intenciones ajenas. Una curiosidad insaciable sirve adecuadamente a la inteligencia natural para el análisis brillante y la comprensión profunda de todos los temas, aun los más herméticos. Pero les devora la impaciencia y necesitan que todo se resuelva en pocos segundos, porque no pueden o no saben esperar; su propia ansiedad no se lo permitiría. Con frecuencia se trata de gente muy afortunada en los juegos de azar. El número personal 6 advierte a los sagitarianos que lo llevan que deben cuidarse de las caídas, pues pueden padecer problemas en los huesos. Son individuos que aman a los niños y a los animales y que Profesionalmente pueden desarrollarse por completo si realizan tareas vinculadas con la información. Son distraídos, torpes y socialmente destacan por su brillantez y su excelente humor. Pero son extremadamente inseguros, llegan a ser mezquinos con el dinero y en la pareja se muestran de manera egoísta. Sin embargo, son leales y excelentes como amigos. Un sagitario en 7 puede parecer obstinado defendiendo sus convicciones, pero vale la pena ser paciente e insistir porque, en el fondo, son razonables y tienen un acentuado sentido de la justicia, de modo que si se equivocan pueden admitirlo y hasta disculparse. Se trata de los nativos menos sociables del signo, lo que no quiere decir que sean personas aisladas pero sí que, a diferencia del resto de los sagitarianos, pueden disfrutar hasta de las cosas más sencillas. Odian la música estridente y los ruidos excesivos, los colores muy contrastados y las groserías. Su espíritu aventurero se manifestará más en sus sueños y su imaginación que en la realidad. Pueden deprimirse muy fácilmente y olvidar que todos los nativos de sagitario poseen una buena estrella que los protege y que les ayuda aun en los peores momentos. Sagitario es uno de los signos más afortunados del zodíaco. Los nativos del signo con número personal 8, pueden ser el ejemplo viviente de la contradicción: una palabra basta para sumirlos en la melancolía y otra para darles euforia. No saben administrar bien el dinero. Suelen tener éxito en el campo profesional, en el sentimental y en el de las relaciones sociales, sin embargo, siempre dan la sensación de que algo no funciona bien. Pueden ser encantadores cuando se sienten de buen humor y reaccionar de un modo agresivo e histérico cuando están enfadados. Generalmente se despiertan de un pésimo humor, pero a media mañana ya son cordiales y divertidos. Incapaces de aceptar un consejo, su obstinación les hace caer en frecuentes errores, pero su peculiarísimo sentido del orgullo les impide reconocerlo. Su variabilidad de carácter los torna irresistibles en el plano sentimental. Pero cuando se enamoran son fieles y celosísimos. Como socios para un negocio resultan inmejorables porque están llenos de buenas ideas. Profesionalmente destacan en todo aquello que requiera del aporte de alguien con mucha creatividad. En el caso de los sagitario con número personal 9, su aspecto más destacado es la asombrosa capacidad de deslumbramiento que poseen para el juego social, a tal punto que con frecuencia se convierten en líderes. No sirven para tareas que requieran paciencia y tenacidad y con frecuencia pueden comportarse de modo irresponsable, pero son divertidísimos burlándose de sus propios defectos y hacen gala de una sinceridad francamente valiosa. No soportan pedir dinero prestado y en general no les gusta que se los controle porque son muy independientes. Las ciencias esotéricas y las religiones exóticas les fascinan en la misma medida que los viajes remotos a lugares casi desconocidos. El reumatismo y otras enfermedades de las articulaciones son una amenaza constante para su salud. Afectivamente no son muy constantes, pero sí comprensivos y bondadosos.

Capricornio: Dominado por Saturno, es el planeta del destino, del misticismo, del sacrificio y también de la melancolía y la pasividad. Signo de hombres fuertes, de escasa estatura y rasgos marcados y de mujeres serenas, dulces e independientes.

Capricornio establece excelentes relaciones laborales con aries, basadas en el mutuo provecho de las respectivas capacidades, pero nunca deben mezclarse el factor afectivo en esta unión pues resultaría fatal. Con tauro las posibilidades son mayores porque la pasividad de capricornio es enriquecida por la fuerza de tauro. No existe acuerdo posible, en ningún campo, con géminis: hasta es frecuente que no sólo las personalidades sino los físicos se rechacen. En cambio, armoniza maravillosamente con virgo. Aun cuando se trata de estilos complicados, es posible superar rápidamente las dificultades y establecer relaciones duraderas. Con leo puede existir un acuerdo siempre cuando no sea necesario que dure demasiado tiempo pues la incompatibilidad termina por surgir. Tampoco capricornio congenia con libra, que se opone a la impulsividad poco reflexiva de capricornio y que no entiende sus constantes conflictos. Con escorpio los resultados pueden ser espléndidos siempre que exista un sentimiento profundo y un mutuo deseo de colaboración. Básicamente se trata de caracteres contrapuestos y es lógico esperar que las diferencias de intereses surjan con violencia. Pero en el fondo ambos signos son complementarios y pueden dar lugar a un vínculo dichoso y perdurable. Algo parecido le ocurre a capricornio con cáncer, en el sentido que al principio las dificultades que se deberán superar son muchas. Sin embargo, a partir del respeto de la mutua independencia, es posible construir un vínculo duradero. Finalmente con sagitario puede formar una pareja perfecta en la que la serenidad de capricornio beneficiará la ansiedad de sagitario y en la que el espíritu aventurero de sagitario incite a romper la rutina que es una constante en capricornio. Sexualmente pueden surgir problemas si sagitario no se adapta al estilo capricorniano, para el que el sexo es algo primordial en la vida y lo coloca en primer lugar.

Capricornio es un signo de personas orgullosas de haber logrado con sacrificio y el propio esfuerzo lo poco o mucho que poseen. Cuando el número personal es 1, ese triunfo llega en la madurez tras un paciente camino de ascenso, de respeto a la jerarquía y sentido del deber. El capricorniano no admite que para lograr este triunfo profesional ha debido ser ayudado en el aspecto íntimo, pues cada fracaso lo desmoraliza y le hace perder la confianza en sí mismo y sólo el amor de alguien cercano le devuelve la fe perdida. En general los capricornianos son ingratos, pero el capricornio en 1 es el más desagradecido de todos. No acostumbra a pedir favores pero si se los hacen, no los agradece y los olvida muy rápidamente. Orgulloso, egoísta y muy independiente, exige ser el amo absoluto del hogar aunque no lo especifique claramente. Se sacrificará para que nada le falte a su familia y puedan vivir cómodamente, pero será rutinario en su vida, no disfrutará de las sorpresas y los regalos y no podrá entender, aunque se lo expliquen, qué tiene de malo la monotonía. Capricornio en 2 es impulsivo, buen amigo y presenta una total subordinación a su grupo familiar, por el que es capaz de realizar sacrificios abnegados. Con frecuencia su sentido religioso se halla muy profundizado y se interesa por cuestiones relacionadas con el esoterismo, la vida más allá de nuestro planeta y temas similares. Los deportes le entusiasman y se siente muy a gusto en la vida de hogar. Sabe que nunca destacará en el campo profesional pero se conforma con ello. Detesta las cosas sofisticadas: la sencillez le hace feliz y le atraen las mujeres dulces y pasivas, de las que puede ser un excelente esposo, pues tiene predisposición a compartirlo todo. Su sentido del humor es escaso y su manejo social no demasiado atractivo. En él, las obligaciones son mucho más importantes que los placeres. Aunque en los capricornianos la perseverancia suele suplir los límites de la inteligencia, cuando el número personal es 3, es frecuente hallar individuos con una notable capacidad creativa en el campo profesional. Por supuesto, nunca serán innovadores porque a capricornio le horroriza a cambiar las pautas establecidas, pero intentará progresar y se entregará por completo a la empresa o grupo con el que trabaja, de manera auténticamente desinteresada. En el amor es apasionado e insaciable pero su desconfianza en el plano afectivo roza lo patológico, por lo que le resulta bastante difícil entablar relaciones duraderas. Son posesivos aunque lo disimulen tras una apariencia tímida y armónica. Son muy egoístas con sus cosas a pesar de que no le asignan demasiado valor al dinero y jamás se obsesionan por él. Un capricornio en 4 no soporta que le humillen o le mientan. Aguardará el tiempo que sea pero finalmente vengará la afrenta para poder dormir en paz con su conciencia. Tiene un elevado sentido de la justicia y le parece absolutamente razonable cobrarse por su cuenta lo que le han hecho. Desde el punto de vista laboral es incansable: respetuoso con sus jefes, buen compañero, alcanza reconocimiento por el esfuerzo que realiza y la generosidad con que se prodiga. Sus objetivos nunca son desmesurados ni contienen elementos utópicos. Es muy realista y no ambiciona lo que no puede conseguir. Es metódico, tranquilo e independiente. Detesta los comentarios malévolos y le caen mal las personas coquetas y vanidosas. En el fondo siente envidia por los que obtienen los triunfos con mayor facilidad que él y piensa que la vida no es justa con todos, pero se guarda de comunicarlo. Su lealtad llega hasta el límite de su orgullo: después, es capaz de traicionar sin sentir remordimientos. Una de las características de los nativos de este signo es su apego a la tierra, a las labores del campo, a la vida sencilla. La máxima ambición de un capricornio con número personal 5 será la de poder mudarse a una casa en las afueras. Aun siendo una persona que necesita de la seguridad para no deprimirse, podrá arriesgar cosas que le importan si ello significa librarse de vivir en la ciudad y estar en contacto con la naturaleza, los animales, los árboles y el aire puro. Allí intentará aislarse y será feliz leyendo un buen libro o escuchando música, realizando extensas caminatas o solazándose al contemplar una puesta de sol. Capricornio en 5 se concede poco a sí mismo. No tolera ni su propia debilidad ni la de sus semejantes, lo cual le confiere fortaleza de carácter. Es egocéntrico, poco sensible a los conflictos humanos y los afectos nunca calan hondamente en su interior. Si triunfa, puede ser un líder respetado y bien considerado por el equilibrio de sus decisiones. Capricornio en 6, en cambio, tiene un verdadero problema con las decisiones. Cree que todos conspiran en su contra para cargarle con responsabilidades que no debe asumir y, por ello, tiende a desconfiar de todo el mundo. Lo cierto es que detrás de esta actitud se oculta una gran inseguridad a la que el orgullo del signo le impide pedir a los demás que le ayuden a decidir. Así, la contradicción entre no soportar que le dominen y el profundo deseo de no hacerse cargo de las cosas vuelven su carácter áspero y hostil. En general los capricornianos son pesimistas pero un capricornio en 6 no sólo lo es en grado sumo sino que le desagrada que se lo recuerden, pues él cree de buena fe que su visión del mundo es equilibrada. Cuando el número personal es 7, ha llegado el momento de temer a todas las enfermedades imaginarias. Los capricornianos suelen ser personas de excelente salud y generalmente son longevos; nada de esto parece mellar al capricorniano en 7, que vivirá quejándose ante el menor problema, será hipocondríaco y aprensivo y se enfadará provocando verdaderos estallidos de ira si es criticado.Ególatras, individualistas hasta la desconsideración y con cierta tendencia a valorarse por encima de lo que realmente son, los capricornianos en 7 son generalmente personas muy cordiales en el trato, afables, simpáticos, bondadosos, muy hábiles en las tareas manuales y, en ocasiones, divertidos, sobre todo cuando se trata de organizar programas en los que interviene bastante gente, porque adoran la vida social en grupo, los viajes programados y las actividades deportivas en las que es preciso integrar un equipo. Un capricornio en 8 será, sin duda, el que tenga peor humor de todos los nativos de su signo. Se enfadará con rapidez, tenderá a aislarse después del enfado y su orgullo le exigirá la humillación de su agresor imaginario para que el perdón o la reconciliación puedan llegar. Pero serán excelentes en el trabajo y, dentro de la tendencia a la deslealtad que es una de las características negativas del signo, se controlarán en grado sumo pues saben apreciar en su justo valor a los amigos y a las personas que quieren. Como periodistas o comerciantes se muestran hábiles y pueden destacar. No soportan la mentira de los demás aunque se permitan las propias. Su capacidad de sacrificio no conoce límites. Un nativo de capricornio con número personal 9 generalmente orienta su capacidad y anhelo de ayuda a los demás a través de tareas altruistas. Médicos, sacerdotes o dedicados a la beneficencia, encuentran un verdadero placer en ayudar a mitigar el dolor ajeno, acaso porque no encuentran el camino para atenuar la insatisfacción que puebla su corazón. Son seres torturados, pesimistas e inteligentes, que pueden canalizar adecuadamente sus propias pasiones y que desvalorizan los placeres de la vida terrenal: sus miras son siempre muy altas. Poseen una gran sensibilidad y como amigos son comprensivos y cordiales, aunque individualistas que defienden a capa y espada su propia privacidad. Por lo general, son introvertidos y no confían a nadie sus sentimientos. Pero en la vida afectiva son fieles, aunque no soportan que se los trate de dominar.

Acuario: Es el signo de la duplicidad, la versatilidad, del calor humano, la cordialidad y la falta de escrúpulos. Acuario cobija a los mejores amigos y a los grandes estafadores, las traiciones más ominosas y los proyectos más altruistas. Signo de excéntricos y de vanidosos, los hombres son delgados, nerviosos e idealistas y las mujeres de ojos bonitos, voz fascinante y actitud exhibicionista. Un acuario con número personal 1 es la persona ideal para constituirse en un líder político, en un revolucionario o un defensor de los oprimidos. Posee un gran empuje para el trabajo, pero tiene mucha dificultad para integrarse en un equipo. Su constancia es enorme y puede luchar incansablemente, pero si no obtiene el reconocimiento merecido en poco tiempo, se desanimará muy rápidamente. Su éxito social es grande, pero si no alcanza la medida que él necesita, puede comportarse del modo más excéntrico con tal de lograrlo. Afectivamente son de una seducción irresistible. Se dedican por entero al juego de enamorar, y se muestran apasionados y románticos para luego tratar de embarcar a la persona amada en sus sueños insensatos e irrealizables pero que ellos creen absolutamente posibles. Autosuficientes y obstinados, reducirlos al terreno de la realidad puede significar un disgusto que se traduzca en una profunda depresión, de la que le costará mucho trabajo salir. Un acuario en 2 es emotivo, inestable y confuso. Por un momento se comporta como un generoso protector de los débiles y al rato busca ansiosamente una figura fuerte para cobijarse a su sombra. Un día decide reorganizar su vida, administrar seriamente su dinero y cambiar de casa y al siguiente cae víctima de una pasión desmedida, olvida todos los planes anteriores y es capaz de plantearse irse a vivir a una isla solitaria con la persona que ama. Acuario en 2 necesita estar siempre acompañado y, en lo posible, de gente que celebre sus ocurrencias y admita su natural fanfarronería. No son personas responsables y si ostentan el poder pueden ser temibles, pero en el fondo son bondadosos y no desean dañar a nadie con sus cambiantes actitudes. Un acuario en 3 posee el raro don de la intuición que le permite explotar su imaginativa inteligencia al máximo para obtener lo que se propone. De ello puede salir la riqueza repentina o un escándalo financiero. Especulativos, ingeniosos, muy rápidos mentalmente, también pueden ser perezosos. Les encanta la buena ropa, son afables conversadores y saben disfrutar de los placeres de la vida. Son muy sentimentales y conducen coches de manera admirable, aunque su nerviosismo les haga incurrir en pequeños errores. En la vejez se vuelven intratables y si la vida no ha sido generosa con ellos consideran que han sido tratados injustamente y tienden a desvalorizar a todos los que les rodean. Un acuario con número personal 4 trata de contrarrestar el impulso de su signo a actuar como un fanfarrón y a exhibirse de modo inadecuado. Tiene conciencia de la dualidad de impulsos que pugnan en su interior e intenta amoldarse a las reglas del juego de la mayoría. Esto los vuelve laboriosos y perseverantes. Pero la inconstancia y la fuerte tendencia al "autopadecimiento", conspiran contra sus buenos deseos. Son hipocondríacos, temerosos, viven obsesionados con el temor a ser robados y cuando tienen una buena idea, se comportan de manera extraña pues suponen que otros quieran robársela. Son inteligentes pero no muy rápidos mentalmente. Sienten una verdadera pasión por las máquinas y motores y, aunque no son hábiles con sus manos, se esfuerzan por superar esta limitación. Como amigos son generosos y cordiales y en el plano afectivo necesitan de una unión estable para sentirse felices. No son fieles en extremo, pero tampoco hacen alarde de ello. Emotivos y apasionados, sienten una verdadera devoción por sus familiares. Un acuariano con número personal 5 sentirá que su propia libertad es lo único importante en el mundo y bajo ningún precio estará dispuesto a hipotecarla. Si ello significa la pérdida de un vínculo afectivo estable, lo dejará perder con tal de conservar su autonomía de movimientos. Es el tipo de gente que tiene amigos en todo el mundo y que recibe correspondencia de los lugares más exóticos. Acuario en 5 siente pasión por los viajes, las aventuras, los deportes náuticos, el mar. Le encantará comer espléndidamente, emborracharse, salir con sus amigos hasta la madrugada y mudarse cada vez que le sea posible. Es un optimista, un soñador, que detesta que le muestren los aspectos negativos de la vida. Tiene estupenda predisposición para captar las manifestaciones artísticas, pero siempre preferirá las muestras de vanguardia, los últimos gritos de la moda, las tendencias más novedosas. Para él, el pasado es algo terminado y enterrado, de lo que no tiene sentido ni hablar ni analizar. Por lo tanto, actúa con una asombrosa falta de escrúpulos e ignora lo que significa sentir remordimientos. Cuando el número personal es 6, tampoco hay arrepentimiento, pero sí una mayor capacidad analítica de la propia conducta. Pero como acuario desconoce la venganza, si es herido perdona con facilidad. Una rara intuición le ayuda a captar las flaquezas de los demás, pero sólo utilizará este conocimiento si le ayuda a conseguir su objetivo. A nivel profesional, los acuario en 6 son competitivos incansables y su capacidad especulativa les ayuda para lograr sus fines. Aunque en la superficie se muestran emotivos y extremadamente simpáticos, son fríos y de una afectividad más bien superficial. Ávidos de dinero y poder, subyugan a esto todos los valores restantes. Sexualmente son eficientes y desapasionados y si hay algo que detesten de su propia personalidad es la duplicidad, la inseguridad que los convierte en vulnerables. No en vano se dice que «un enemigo acuario es un enemigo fácil». A pesar de sus maquinaciones, no resulta difícil neutralizarles si se apela al sentido común. Cuando un acuariano tiene al 7 como número personal generalmente se halla dotado de una excepcional inteligencia para dedicarse a una especialidad que esté vinculada con los motores. Serán ellos el gran atractivo de su vida, por encima de los comportamientos humanos y los avatares del mundo. Fuera de su trabajo son infantiles, simpáticos, idealistas y con dificultades para administrar el dinero. Excelentes como padres, pero poco responsables, no soportarán que se limite su voluntad y se enfadarán si no pueden lograr lo que desean. Les cuesta mucho trabajo amoldarse a un trabajo metódico y tienden a ser inconstantes, pero su extremada versatilidad les permite aprender una tarea nueva con gran rapidez. Cuando no puede hacer lo que desea, un acuario en 7 se comporta como si aceptara la limitación impuesta para despistar, porque a espaldas de todo el mundo hará lo que se le antoje, y aún más tranquilo. Los excesos emocionales y la dramaticidad de una vida privada de vínculos cambiantes, algunos muy felices y otros intensamente desdichados, marca de modo muy notorio al nativo de este signo cuyo número personal es el 8. Ningún exceso le parecerá suficiente y se burlará de quienes intentan hacerle entrar en razón. Pero esta fuerza indómita, bien canalizada, también puede dar triunfadores, personalidades famosas y hombres de éxito. Ambiciosos, inteligentes y muy egoístas, los acuario en 8 tienden a buscar amistades influyentes que puedan serle de utilidad para alcanzar sus metas. Pueden ser mezquinos con el dinero porque son muchas las cosas que ansían y determinan que tienen todo el derecho del mundo a disfrutarlas. Dan muchísima importancia a la ubicación social, al prestigio, a la ostentación, al reconocimiento, a los honores. No tienen reparos en aparentar lo que no son (como el resto de los nativos del signo) pero con el objeto de alcanzar los objetivos planeados. Su dificultad en moverse con sentido común y no mezclar fantasía con realidad suele proporcionarle estruendosos fracasos. Afectivamente son muy apasionados y románticos, pero detestan de tal manera la rutina que se cansan rápidamente de las situaciones y las personas y necesitan buscar nuevas emociones para satisfacer sus ansias de movilidad y cambio. Un nativo del signo con número personal 9 es generalmente muy querido por sus amigos. Ocurrente, ingenioso, con un notable sentido del humor, puede ser generoso para prestar ayuda, y sacrificado si una persona querida lo necesita. Pero no debe esperarse demasiado de él a nivel profesional porque su idealismo, sus sueños vanos, son mucho más importantes para él que su realización. Si un fracaso le duele no es porque un sueño no haya podido concretarse sino porque un ideal suyo ha muerto. Su salud es buena y su sensibilidad humana verdaderamente notable. Pero sus deseos son demasiado cambiantes y no sabe a cuál de ellos responder primero. Su inconstancia y su ansiedad le impulsan de un lado a otro y no admite reconocer las contradicciones que lleva en su interior. Necesita del estímulo y el reconocimiento de sus pares y, si no lo logra, puede convertirse en un individuo frustrado. No son muy afortunados en los juegos de azar y pueden pasar de la pobreza a la riqueza varias veces en la vida, aunque el optimismo rara vez los abandona.

Piscis: El miedo, las indecisiones, la falta de seguridad en sí mismos, son algunas de las características generales de este signo, así como el brillante sentido de la ironía, el profundo sentido del amor y la intuición extraordinaria. Los hombres y las mujeres de este signo pueden ser o bien robustos y lentos: o bien esbeltos y nerviosos: tal es su duplicidad. Pero unos y otros sobresalen por su sensibilidad poco común, su afinidad con todo lo que esté relacionado con palabras y su extremada impresionabilidad. Piscis, a pesar de no contar nunca con muchos amigos, puede encontrar los mejores en aries, con los que se llevará espléndidamente. También el amor es posible entre ambos pues es frecuente que exista una intensa atracción física. Un pisciano difícilmente tendrá un matrimonio feliz con tauro, debido al pesimismo y la tristeza que ambos imprimirán al vínculo, pero la unión será estable y moderada. Por eso estos signos son muy aptos para desarrollar tareas profesionales en sociedad: el empuje de tauro se complementa con la sensible inteligencia de piscis. Géminis, en cambio, no ofrece puntos de acercamiento. La comprensión recíproca es poco frecuente entre los nativos de ambos signos. Con cáncer las relaciones son buenas pero nunca fascinantes mientras que con leo existirán siempre impedimentos que obstaculizarán cualquier vínculo que quiera ser profundizado. Aunque piscis y virgo se atraen, no pasa mucho tiempo sin que aparezcan fricciones, depresiones y abandono. Desde el punto de vista comercial, es una unión nefasta. Tampoco libra se amolda adecuadamente a la personalidad compleja y torturada de un pisciniano mientras que escorpio le ofrece comprensión y protección, dentro de un marco de sensibilidad e inteligencia. La unión entre ambos puede ser feliz y duradera. Sagitario y piscis chocan casi continuamente: sus puntos de vista son opuestos y sus estilos irreconciliables. Sin embargo, existe con frecuencia una enorme atracción entre ambos signos y sólo un profundo afecto puede salvar lo que parece tan difícil. Con los capricornios, piscis asegura vínculos cordiales y estables y con acuario puede llegar a un acuerdo siempre que supere la etapa inicial, generalmente signada por enfrentamientos y contradicciones.

Un pisciano con número personal 1 suele tener problemas cardíacos y nerviosos derivados de su contradictoria personalidad. Una parte de sí mismo es cobarde y temerosa, le incita a replegarse y ceder mientras que otra, dotada de gran fuerza e inteligencia, ambiciona volar alto y alcanzar las altas cumbres. Se trata de personas que poseen mucha fuerza de voluntad a pesar de todo, una enorme sensibilidad y un acentuado sentido del respeto hacia los demás. Suelen ser avaros, prejuiciosos en el aspecto moral y frecuentemente tristes, aunque saben manejar el comentario sardónico y disfrutar el humor ajeno. Su afán por triunfar les vuelve perseverantes y con frecuencia logran lo que se proponen. No son dictatoriales si llegan a posiciones de poder, pero controlan minuciosamente todo lo que sucede a su alrededor. Aman intensamente y son aprensivos y sobreprotectores con sus hijos. Un nativo de piscis en 2 es capaz de actuar en contra de lo que anhela sin poder explicarse claramente porque lo hizo. Es el peor enemigo de sí mismo, el tipo de persona que cuando tiene que definirse, empieza por sus defectos. Suele sufrir problemas en el aparato digestivo y, cuando se queja de su mala suerte, olvida su margen de responsabilidad en ella. Temen asumir responsabilidades por terror a equivocarse y que alguien se enfade con ellos, pues son personas afables, cordiales, locuaces, que detestan toda forma de violencia o tensión. Rara vez se destacan de la mayoría, pero se esfuerzan mucho en su trabajo porque les apetece el confort, la comodidad y los placeres de la vida. Son generosos con moderación y caen en estados de melancolía con mucha frecuencia, sin que sea posible averiguar el motivo. Cuando un piscis lleva el número personal 3, su formidable intuición puede proporcionarle éxitos verdaderamente fuera de lo común. No se trata de personalidades positivas, sin embargo son pesimistas, serios y ligeramente desconfiados. Tienen una visión escéptica de todo lo que les rodea y caen en la indolencia y la pereza. Necesitan exageradas muestras de lealtad antes de confiarse a una persona pero, cuando lo hacen, su entrega es leal, solidaria, definitiva, mostrándose tal como son, sin engaños ni subterfugios, con virtudes y defectos. Gustan de la vida sencilla y confortable y de la paz del hogar. No son extremadamente sociables pero rara vez se comportan de modo inadecuado. Un piscis en 4 es humilde, detesta la ostentación y la fanfarronería. Laborioso y paciente, confía en que su esfuerzo alcanzará la justa recompensa alguna vez. Le gusta la vida social, en la que se comporta como un individuo irónico y muy cordial y es capaz de sacrificarse por alguien que quiere, cosa que sucede con frecuencia pues es intensamente afectivo. En el plano sentimental son apasionados y románticos, aunque intentan controlarse porque, como al resto de los nativos de este signo, les horroriza caer en el ridículo ante los ojos de los demás. Administran muy bien el dinero y les gustan los niños y los animales. Un pisciano con número personal 5 probablemente dejó su casa paterna cuando era muy joven, no se lleva demasiado bien con su familia y detesta que los demás se inmiscuyan en su vida privada. Indecisos, suelen perder grandes oportunidades por el perpetuo pánico a equivocarse. Su aguzada intuición les libra de caer en trampas que puedan tenderles quienes quieran perjudicarles, pero creen en los demás y tienen buena disposición para ayudarles. Un pisciano en 6 adora leer, escribir, hablar, escuchar, todo lo que está vinculado con la palabra y el diálogo. Sus razonamientos lógicos pueden ser brillantes y su sentido del humor sorprendente. Trabajan con ahínco pero se cansan con facilidad. Afectivamente tienen muchas exigencias y esperan ser cuidados y protegidos. Cuando el número personal es 7, los nativos de este signo libran verdaderas batallas con la propia personalidad. No les interesa demasiado los reconocimientos que el mundo les puede ofrecer y se conforman con las comodidades mínimas. Tienen pocos amigos, y sólo su trabajo o algún hobby, parece mitigar su continua tristeza y su tendencia a la melancolía, que en algunos casos puede llevarles a la autodestrucción. Son individuos extremadamente correctos, leales, incapaces de traicionar o mentir y de una meticulosa honestidad con el dinero. Un piscis en 8 tendrá una vida afectiva borrascosa y de gran intensidad y también es posible que alcance una considerable riqueza. Los juegos de azar le son favorables y la intuición le sirve de guía cada vez que debe asumir una responsabilidad. Pero se compadece de sí mismo mucho más de lo necesario, es hipocondríaco y, con frecuencia, mezquino. Una inusitada fuerza interior, impensable a primera vista, les ayuda a superar las situaciones más dificultosas, aunque a la vez son capaces de sentirse obstaculizados y desorientados por una nimiedad. Sienten pánico a los robos y a las agresiones nocturnas. Sexualmente reprimidos, sus fantasías son, sin embargo, inagotables e inconfesables. Para un pisciano con número personal 9, la felicidad es bastante más importante que para el resto de los nativos de su signo y batallará por ella intentando obtener una buena posición económica que le proporcione el confort y el placer que anhela. Desplegará sus condiciones naturales para gozar del respeto y del cariño de quienes conforman su círculo y luchará duramente contra su inseguridad para adquirir el aspecto de un triunfador. Será perezoso, indolente y autocompasivo en la intimidad y envidiará a sus amigos, pero jamás les traicionará. En el plano afectivo no titubeará en resignar su libertad si encuentra a una persona que le ofrezca la inmensa cantidad de amor que necesita.

LOS NÚMEROS SE DIVIERTEN

La magia que poseen los números permite que, con frecuencia, sus propiedades y las relaciones que establecen entre sí, alienten paradojas y extrañas curiosidades. Cualquier matemático, cualquier experto en el manejo de los valores numéricos sabe que las cifras parecieran «divertirse» entre ellas a través de numerosas «travesuras», acaso para quitar formalidad al tema o para demostrar que en su mundo también hay lugar para las sonrisas.

Coincidencias imposibles, y curiosidades diversas, parecieran abundar en este fascinante universo. Cualquier niño en edad escolar habrá advertido por ejemplo que los múltiplos del 3 son impares en una decena (3, 6, 9) para convertirse en pares en la siguiente (12, 24, 36, 48 y así hasta el infinito). Pero el 3, una de las mayores potencias mágicas, no se detiene allí. Si se toman dos números cualesquiera, a capricho, su suma o su diferencia siempre, pero absolutamente siempre es divisible por 3, número saltarín que tiene aún otra propiedad: es el divisor de las cifras 111, 222, 333, 444, 555, 666, 777, 888, 999, cualidad que sólo comparte con el 37 y el 111.

El 5, en cambio, pareciera sentir una acendrada forma de narcisismo: no sólo admite múltiplos exclusivamente terminados en 0 ó en sí mismo (10, 15, 20, 25, etc.) sino que el 5, multiplicado por 5, siempre da un número que termina en 5:

5 x 5 = 25 x 5 = 125 x 5 = 625 x 5 = 3.125, etc.

Por lo demás, el 5 comparte con el 6 la propiedad de que toda potencia de 5 ó 6 inexorablemente termina con 5 ó 6.

El 9 establece en sus terminaciones una escala decreciente:

9 x 1 = 9; 9 x 2 = 18; 9 x 3 = 27; 9 x 4 = 36, etc.

Que recomienza eternamente a partir de cada decena. El 11, por el contrario, lo hace en sentido inverso, y el último número de la cifra que resulta de multiplicarlo por el número inmediato superior conforma la escala de 0 a 9.

Curiosidades

Pero estas simplísimas observaciones no son sino unas pocas de las diversiones que ofrecen los números al relacionarse entre sí. Entre sus frecuentes curiosidades puede anotarse que...

... las cifras componentes y los múltiplos del 9, sumados, siempre dan 9 o un múltiplo de 9, de modo que sumando o restando 9 tantas veces como este número sea sobrepasado, el resto siempre será 0... ...todo número cuadrado termina inexorablemente en 1, 4, 5, 6, 9, 0, ó en números pares precedidos por una de estas cifras.

... el 64 y el 96 comparten una propiedad que ninguna otra cifra tiene entre 1 y 100: son los únicos números que pueden descomponerse en más de cinco factores:

2 x 2 x 2 x 2 x 2 x 2 = 64

2 x 2 x 2 x 2 x 2 x 3 = 96

El número siguiente es el 128, que es mayor a 100.

... un número cuadrado es igualmente divisible por 4 o lo será restándole la unidad...

…todo número cuadrado impar es múltiplo de 8 aumentándole la unidad

….cuando dos números son tales que la diferencia de sus cuadrados es un número cuadrado, la suma y la diferencia de estos números es también un cuadrado o el doble.

...los números primos no pueden ser pares (excepto el 2) ni pueden terminar nunca en 5 (salvo el propio 5). A excepción de los incluidos en la primera decena, terminan siempre en 1, 3, 7 ó 9.

Cuestiones ingeniosas

Las travesuras de los números lo permiten todo prácticamente. El ingenio humano ha decidido sacar partido de ellos desde los tiempos remotos planteando problemas o inventado juegos de inteligencia para los que no existen fronteras. Por ejemplo, es posible demostrar que 1 es 2 siguiendo estrictas matemáticas:

Sean a y b dos números iguales. a = b

Si ambos miembros son multiplicados por un tercer factor (a):

a x a = a x b

Es decir:

a^2 = a x b

Restando la misma cantidad en ambos miembros, se mantiene la igualdad:

$a^2 - b^2$ = a x b - b^2

Empleando nociones de álgebra, resulta sencillo demostrar que:

$a^2 - b^2 = (a + b) \times (a - b)$

Por lo tanto, queda:

$(a + b) \times (a - b) = a \times b - b^2$

Sacando del segundo miembro el factor común b, queda:

$(a + b) \times (a - b) = b \times (a - b)$

Y, simplificando:

$a + b = b$

Sin embargo, por hipótesis se tenía que a = b, por lo que:

$2 b = b$ y simplificando:

$2 = 1$

El ingenio vuelve posible lo imposible. Salvo pertenecer a la primera decena, no existen valores comunes entre los números:

1 2 3 4 5 6 7 8

Sin embargo, existe un modo de agruparlos en cuatro pares, de manera que la suma de los componentes dé el mismo resultado en todos los casos y, por lo tanto, adquieran en común la cualidad de llegar al mismo resultado. Así:

$1 + 8 = 9$

$2 + 7 = 9$

$3 + 6 = 9$

$4 + 5 = 9$

Hay números que, multiplicados por sí mismos, dan como resultado un tercer número que, multiplicado por el número primero arrojan como resultado una cifra que termina con el número primero. Por esta cualidad se los suele llamar «números circulares». Así:

$5 \times 5 = 25 \times 5 = 125$

$6 \times 6 = 36 \times 6 = 216$

$10 \times 10 = 100 \times 10 = 1.000$

Otra curiosa variante es la que protagoniza el 9. Multiplicado por cualquier número, siempre se reproduce a sí mismo. Por ejemplo:

$9 \times 3 = 27$ y $2 + 7 = 9$

$9 \times 4 = 36$ y $3 + 6 = 9$

$9 \times 5 = 45$ y $4 + 5 = 9$

$9 \times 6 = 54$ y $5 + 4 = 9$, etc.

El caso del inmutable 5 ha apasionado a los matemáticos de todas las épocas. Su identidad es tanta que también pertenece al grupo de los llamados «números automorfos» cuya característica consiste en que son números enteros cuyo cuadrado concluye en el propio número dado.

Así:

$5^2 = 25$

Pero también hay otros casos:

$25^2 = 625$

$76^2 = 5776$

A través de sus propios dígitos, algunos números admiten representarse a sí mismos. Así:

$153 = 1^3 + 5^3 + 3^3$

Y sin emplear los dígitos:

$165033 = 16^3 + 50^3 + 33^3$

La variedad de sorpresas, imprevistos, curiosidades y coincidencias que las cifras y los números pueden provocar, es inmensa. Algunas de estas propiedades han contribuido en épocas remotas a que se les asignaran valores que trascendían del aspecto matemático y se internaban en el campo de la magia o de los poderes ocultos. Los números circulares de los que ya se ha hablado, por ejemplo, tenían especial valor para los cristianos primitivos. En Escandinavia, antiguamente, se profesaba un respeto reverencial por lo que actualmente se llaman «números estrobogramáticos», es decir, aquellos que pueden leerse de igual modo boca arriba o boca abajo. Esta cualidad gráfica pertenece al 69, al 96 y al 1001.

Caprichos

En su magia inaccesible, el universo de los números pareciera ser como aquellas fábulas infantiles en las que, cuando llega la noche y la tienda se cierra, los juguetes salen a divertirse y bajan de los estantes. Del mismo modo, los números parecieran establecer combinaciones y conexiones que obedecen a caprichos destinados a producir resultados muy curiosos. Un caso típico es saber si es posible que escribiendo 6 unos unidos por 3 signos de sumar se puede alcanzar el resultado de 24. Basta con detenerse a meditar un instante para advertir que se trata de algo perfectamente posible:

$$1+1+11+11 = 24$$

A la vez, potenciando los 1, se llega a una comprobación no menos sorprendente:

$$1^2 = 1$$

$$11^2 = 121$$

$$111^2 = 12321$$

$$1111^2 = 1234321$$

Continuando en el campo de las secuencias, también es posible hallar otras curiosidades del tipo:

3 x 37 = 111

6 x 37 = 222

9 x 37 = 333

12 x 37 = 444

O bien:

1 x 8 + 1 = 9

12 x 8 + 2 = 98

123 x 8 + 3 = 987

1234 x 8 + 4 = 9876

Asimismo, es posible observar que 6 y 10 son los números menores cuya diferencia de cuadrados es un cubo y la diferencia de sus cubos justamente un cuadrado. Así:

$10^2 - 6^2 = 100 - 36 = 64 = 4^3$

$10^3 - 6^3 = 1000 - 216 = 784 = 28^2$

Por otra parte, si se quisieran medir 6 unidades con una medida que fuera de 9 o de 4, admitiendo que todos estos números pudieran descomponerse, tal cosa aparentemente absurda sería perfectamente posible.

El razonamiento es simple:

9 - 4 = 5

A la medida de 9 unidades le quitamos 4 con la medida de 4 unidades. Estas unidades se desechan:

5 - 4 = 1

De las 5 unidades que quedaron de la medida de 9, volvemos a restarle 4 con la medida correspondiente. La medida que queda es transportada a la medida de 4, de modo que a ésta sólo le queda la capacidad para 3. Si la medida de 9 volviera a completarse, sólo se le podrían restar 3 pues de las 4, una está ocupada.

9 - 3 - 6, que es la medida inicial.

Números para adivinar

El campo ilimitado de la magia numérica llega hasta niveles tan insospechados que existen caminos para adivinar un número que se desconoce. Para los razonamientos, la lógica es el arma fundamental. A continuación se presentarán tres ejemplos:

Ejemplo nº 1: A es un número que triplica a B, pero si a A y a B se le suman 2, A sólo será el doble de B. ¿Qué números son A y B?

Ejemplo nº 2: Para realizar este problema se requiere de la colaboración de otra persona que anotará en un papel el número que prefiera, pero que deberá tener tres cifras. Posteriormente deberá escribir esas mismas cifras a continuación de las primeras. De este modo obtendrá un número ejemplo el número de seis cifras (por ejemplo, si el primero era 763, ahora será 763.763). Luego se solicitará que dicho número sea dividido por 7. El resultado obtenido se deberá dividir por 11 y el resultado que se obtenga por 13. El cociente de esta última división será entregado a quien desea adivinar el número. Sin hacer ningún cálculo aritmético éste podrá decir cuál fue el número pensado en un principio. ¿De qué manera?

Ejemplo n.º 3: Se pide a un amigo que piense un número superior a 10 y que le sume 90. Tras tachar la primera cifra y sumarla a las dos restantes se pregunta el resultado y se suma 9 a dicha cantidad, con lo que se obtiene el número original. ¿Cómo?

Solución al ejemplo n° 1:

A es 6 y B es 2. Sumando 2 a cada uno:

6 (a) + 2 = 8

2 (b) + 2 = 4

8 es sólo el doble de 4

Solución al ejemplo n° 2:

Para saber cuál fue el número pensado bastará con leer el cociente pues uno y otro son el mismo. Esta regla se cumple fatalmente, sea cual sea el número de tres cifras pensado al comienzo. Para comprobarlo basta multiplicar los divisores entre sí:

7 × 11 X 13 = 1.001

Pero escribir un número de tres cifras y volver a escribirlo al lado es lo mismo que multiplicarlo por 1.001.

763 x 1.001 = 763.763 (según el ejemplo)

De modo que multiplicar un número de 3 cifras por 1.001 y luego dividirlo por 1.001 arroja el número inicial al terminar la operación.

Solución al ejemplo n° 3:

El método es muy simple. Si el amigo ha pensado por ejemplo el número 23, al pedírsele que le sume 90 comportará:

23 + 90 = 113

Luego se tacha la primera cifra y se suman las dos restantes:

a 113 le tacha el 1 inicial y le queda 13

13 + 1 = 14 (pues la tachada se suma al resto)

El resultado que el amigo dirá es 14. Tal como dice el enunciado del ejemplo, a esta cifra se suma 9:

14 + 9 = 23, que es el número original.

EL SIGNIFICADO DE LAS CIFRAS

A través del tiempo, los números se han ido cargando con una multitud de significados. Desde siempre, han existido grafismos atractivos o rechazantes, temidos o apreciados. Es bien cierto que una indagación profundizada de estas preferencias o disgustos obliga a internarse en el inconsciente colectivo sin seguridad de poder dar con la respuesta adecuada. Pero también lo es que, a través de los siglos, cada número ha ido cargándose con un contenido histórico, cabalístico, supersticioso o científico que ha conformado su propio significado. No todos los números lo tienen, pero buena parte de ellos representa una multitud de símbolos.

Número 1

Para la mirada ocultista representa lo activo, el padre, lo masculino, el nombre. Significa el aleph hebreo cuyo equivalente español es la letra A que inicia el abecedario y Alpha en griego, además del mes de enero que es el primero del año y el correspondiente al signo zodiacal de aries, que también es el primero del horóscopo. Representa lo divino, la primera concepción del número impar. Para los pitagóricos su representación es el punto y para los antiguos hindúes el símbolo de la luna y la tierra.

Así, es el símbolo de la unidad, de lo único, de lo indivisible, lo que se diferencia de todo lo demás y por lo tanto del concepto de Dios, del universo, del comienzo (en el sentido en que lo registra el libro del Génesis). En alquimia es el andrógino hermético, es decir, la consumación de la pareja alquímica.

El 1 es la base de todo. Todo número no es otra cosa más que su repetición y es su medida común. Para los filósofos cristianos hay sólo un Dios, un universo, un mundo, un sol que lo alumbra. La inteligencia, el principio activo del universo, es la mónada o unidad, idéntica a sí misma, es decir, al número 1.

Número 2

Es la diada, la duplicidad, la multiplicidad, el principio pasivo, sujeto a cambios y combinaciones. Si el 1 significa el hombre, el 2 es la mujer, simbólicamente hablando, lo que puede ser fecundo, reproducirse, multiplicarse. Si el 1 es el centro de todo, el fondo del ser, el 2 es el antagonismo, las fuerzas que se oponen, lo que puede chocar entre sí. Se lo asocia con todo lo que es par y lo que aparece de a pares; los ojos, las manos, los brazos, las piernas, las alas.

Si actualmente mucha gente siente temor ante este número o lo rechaza, no debe dejarse de lado que en las prácticas adivinatorias el número par es considerado negativo y que el 2 representa de alguna manera la posibilidad del mal, la aparición de lo negativo. Para los griegos simbolizaba lo desconocido, el caos, lo que no aparece claramente definido y que puede resultar perjudicial. Si los pitagóricos sostenían que el 1 podía simbolizarse con el punto, adjudicaban al 2 la raya. Si el 1 simbolizaba a Dios, el 2 representaba a la materia.

Para los romanos, era el más infausto de todos los números existentes. Como adjudicaban a su dios Platón todos los presagios funestos, le otorgaron el segundo día del mes del año. Platón combinaba al binario con la diosa Diana, estéril y despreciada y los pitagóricos se abstenían de tal manera de utilizarlo que jamás servían una mesa con dos cubiertos ni encendían sólo dos luces en una habitación y supersticiones parecidas. Como comprobación de este hálito funesto, se señala que, en Inglaterra, los reyes Ricardo II, Eduardo II y Guillermo II murieron trágicamente, del mismo modo que Enrique II en Francia y Sancho II, Enrique II y Carlos II en España. Sin embargo, para los nativos de cáncer, el 2 es uno de sus números de suerte.

Pero si el 1 es la unidad y simbólicamente, Dios, desde el punto de vista aritmético 2 es el primer número, puesto que se empieza a contar a partir de él. Además significa el par, la pareja, el mundo manifiesto y el mundo oculto que se contraponen, lo consciente y lo inconsciente, la realidad y el sueño. Es el fundamento de los antagonismos primarios, de todo juego dialéctico y de todo paso binario, de la relación universal, de las analogías y las correspondencias. El 2 está compuesto de 1 positivo y 1 negativo.

Número 3

Desde el punto de vista geométrico es el primer número existente, puesto que se necesitan por lo menos tres puntos para conformar el triángulo que es la primera figura geométrica. Es el número de la Santísima Trinidad - es decir Dios en su expresión total - de la armonía y del equilibrio de los contrarios, rompiendo con la dualidad y el antagonismo y aportando una nueva posibilidad equilibradora. Para los pitagóricos es la causa de todo lo que tiene tres dimensiones y, por lo tanto, ingresa en el terreno de la psicología. Es la tríada, el mundo, el resultado de la inteligencia (activa) más la materia (pasiva):

1 (mónada) - activo

2 (díada) - pasivo

Total = 3 (tríada) - neutro

Desde los tiempos más remotos, el 3 era merecedor de vene-ración y se lo consagraba a las cuestiones divinas. En Egipto, en la India y en Israel fue considerado como un número sagrado. Para Pitágoras era símbolo del mundo fenomenológico y participaba de la naturaleza de la mónada (1) y la díada (2). Es también el símbolo de lo eterno y para los cristianos primitivos de la exis-tencia, del movimiento y el equilibrio entre ambos extremos. Los hindúes lo llamaban Rama o Guna porque para ellos había tres Ramas (fuego de tres clases) y 3 Gunas (cualidades de tres clases). Si el 1 es lo activo, el padre y 2 es lo positivo, la madre, por ser la suma de ambos, 3 es el Hijo. Pero no sólo representa a la Santísima Trinidad de los cristianos sino que, en la religión hindú, también representa a la Trinidad de Brahma (Brahma, Vishnú y Silva). Aún hoy subsisten en la India muchos creyentes de estas divinidades. Los brahmanes tienen 3 grandes Vedas, 3 Margas o caminos de salvación, tres Gunas, 3 Lokas (cielo, tierra, infierno), tres joyas de la sabiduría. Siva tiene 3 ojos en la frente.

Para los pitagóricos, los números tienen forma y la del 3 (como la del 1 y el 7) es triangular:

La Cábala consta de tres variedades y en ella 3 son los atri-butos de la divinidad. Para los hebreos era Ghimel que se co-rresponde aproximadamente a nuestra letra G. Es un número neutro igual que todos sus múltiplos. El 3 es Gamma para los griegos y el de la suerte para los nacidos bajo el signo de virgo: Vale la pena señalar que en cada signo del zodíaco hay 3 decanatos y entre los planetas hay 3 fortunas y 3 infortunios. Para los griegos era la base de todo lo conocido por lo que, al realizar sus presagios, lo hacían sobre un trípode. Bebían 3 veces en honor de las 3 Gracias, del mismo modo que dividían el mundo bajo la égida de Júpiter, Neptuno y Plutón, las 3 divinidades. Diana poseía 3 caras y había 3 hespérides, 3 parcas, 3 furias, 3 gorgonas y 3 harpías. Tres cuerpos tenía Gerión y 3 cabezas el Cancerbero que custodia las puertas del infierno. Para las antiguas religiones escandinavas, la mitología indicaba que el árbol que sostenía el mundo contaba con 3 raíces y había 3 hadas en la morada de los dioses.

Tres eran los golpes que se daban a la puerta, 3 el conteo previo a la señal de largada de cualquier juego o carrera, 3 las opciones que a los seres humanos se plantean con más frecuencia.

Los egipcios reconocían tres cuerpos en el ser: Dyet, el cuerpo físico; Ka, el cuerpo fluido y Ba, el espíritu. El reino mismo de Egipto se hallaba dividido en tres partes: el alto Egipto o las Tebaidas, el Egipto medio o central y el bajo Egipto. Cada una de estas zonas se hallaba dividida en diez provincias, cada una de las cuales gozaba de la protección de un dios en particular, por lo que había 30 dioses, que se agrupaban de 3 en 3, con lo cual expresaban simbólicamente la concepción ternaria de la realidad (mundo natural, mundo filosófico y mundo religioso). A la vez, la ciencia jeroglífica absoluta se basaba en un alfabeto (que ha llegado a nosotros a través de inscripciones en piedras, tablas, muros y monumentos) en el que los dioses se representaban con letras, las letras con ideas, las ideas con números y los números con signos perfectos. Este alfabeto se halla contenido en el célebre Libro de Tot en el que se inspiraron los hebreos y del que, se estima, nació el juego del Tarot. En la realidad es la copia de una tabla de Isis, aún más antigua, que se halla dividida en 3 partes iguales. En la superior figuran las 12 casas astrales o celestes, en la de abajo las 12 estaciones y en la del medio los

21 signos sagrados correspondientes a las letras. Como puede advertirse, todos estos números son múltiplos de 3.

Tres fueron los Reyes Magos que siguieron la estrella de Oriente para llegar al portal de Belén. Tres el número fatídico de cigarrillos que no deben encenderse con una misma cerilla pues significará la muerte para el tercero. Asimismo, 3 son los golpes que se dan los católicos en el pecho al rezar el pésame, 3 los antiguos golpes en la elevación y 3, generalmente, las repeticiones en las oraciones. El signo de escorpio contiene 3 identificaciones (águila, serpiente y escorpión o lagartija gris). Según el Evangelio, Pedro negó a Cristo 3 veces antes que cantara el gallo y la tradición popular reconoce en este número al símbolo de la posibilidad, a través de dichos tales como «no hay dos sin tres» o «la tercera es la vencida». Por último, cabe agregar que se lo considera un número de buena suerte.

Número 4

Siguiendo el sistema tradicional de sustituir números por letras, el nombre de María Antonieta, reina de Francia, da 13, número generalmente considerado fatídico. Pero en la prueba del 9, el resultado de 13 es 4. El 4 no es considerado un número de mala suerte, sin embargo, María Antonieta se casó con el Delfín el 16 de mayo de 1770; 16 es múltiplo de 4, o dicho de otro modo, es 4 veces 4. Fue la desdichada esposa de Luis XVI (otra vez 16 que es 4 veces 4) y nació un 2 de noviembre (2 + 11 = 13, es decir 4 según la prueba del 9). Su vida infeliz culminó en la guillotina el 16 de octubre (nuevamente aparece el 16, 4 veces 4). Por el contrario, en algunos cultos de macumba que aún hoy se practican en el centro y nordeste de Brasil, las velas se colocan de a 4 en la ceremonia, 4 son los floreros que se ubican debajo de la figura de cada santo y el acompañamiento de percusión del ritual sólo puede ser realizado por 1 ó 4 músicos. Las oficiantes pueden bailar libremente hasta un máximo de 4 y se hace necesaria una ceremonia previa antes de poder incorporarse nuevas bailarinas. Asimismo, para honrar a la diosa Yemanjá, se acostumbra arrojar 4 coronas de flores al mar. En algunas prácticas de vudú o vodóo de la República Dominicana, también el ritual es iluminado por grupos de 4 velas y algunos creyentes enlazan una cinta 4 veces sobre su brazo izquierdo. Cuatro eran las invocaciones a los atlantes de Tula antes de la llegada de los españoles y aún hoy subsiste el hábito del prolongar durante 4 días la fiesta de homenaje al mar en el istmo de Tehuantepec. En la antigüedad, la mayoría datos pueblos se referían a Dios mediante nombres de cuatro letras, como el Deus latino o el alemán Gott. Para los árabes, la belleza femenina se analizaba de 4 en 4 entre los componentes del cuerpo de la hembra. Cuatro son las series o clases de cartas del Tarot, 4 las principales casas del horóscopo en el zodíaco y 4 los evangelistas (San Juan, San Lucas, San Marcos y San Mateo). Para los masones los 4 elementos básicos para el hombre (tierra, aire, fuego y agua) se hallan habitados por gnomos, sílfides, dragones y sirenas.

Todo el Tarot se cifra alrededor del 4. Tanto en los naipes franceses como en los españoles hay 4 palos y 4 cartas de cada número. El arcano n.º 4 del Tarot representa la piedra cúbica, es decir, la base del mundo. El hombre se halla rodeado de 4 animales, que simbolizan sus 4 edades (infancia, juventud, madurez, vejez). Cuatro son las estaciones del año, 4 los cuartos o fases de la luna y 4 los puntos cardinales. Si nos remitimos al profético libro del Apocalipsis, encontramos que son 4 las partes en las que se divide la tierra, 4 las bestias con ojos, 4 los caballos, 4 los ángeles del Éufrates. El 4, número activo, es la tétrada y así como el 1 simbolizaba al Padre, el 2 a la Madre y el 3 al Hijo, este número simboliza a la familia. Como es la repetición de la unidad y también de la díada (2), es el producto tanto de uno como del otro. De este modo genera la casta, la tribu, la familia, la reproducción.

El 4 equivale en hebreo a Daleth y en griego a Delta, cuyo equivalente en castellano es la letra D. Se corresponde con el mes de abril y con el día miércoles. Para los pitagóricos era de tal modo sagrado que juraban en su nombre. Para los hindúes había 4 principios inferiores (las pasiones, el cuerpo inferior, el cuerpo astral y la esencia de la vida) y 4 clases de ajusticiamiento: lapidación, estrangulamiento, cremación y decapitación. El cuaternario, por duplicar al 2, simboliza la doble dualidad, la doble dialéctica. Es el número de la cruz cósmica, los extremos del madero de la crucifixión y las puntas de la cruz gamada. En la Cábala, es el número del planeta Júpiter y para la religión egipcia denotaba al dios Horus, hijo de Isis y Osiris.

Número 5

Simboliza la aspiración al conocimiento, cuya figura geométrica es el pentágono (5 puntas). En el Tarot corresponde a la figura del Papa. Según la Cábala identifica al planeta Marte. Señala para el hombre el camino de la sabiduría a través de su quintaesencia («quintaesencia» viene de la quinta esencia, es decir el éter sutil).

Es el número del ser humano compuesto por 2 (la dualidad, la contradicción) más 3 (la armonía y el equilibrio de los contrarios). Es un día nefasto en los meses de enero y abril. Corresponde al día jueves y al mes de mayo. Para los brahmanes, la identificación con el ser humano y el número llega a tal grado que consideran que son 5 los atributos del hombre: forma, percepción, conciencia, acción y conocimiento.

Para Pitágoras, sin embargo, el 5 era el símbolo del matrimonio por estar compuesto por la unión del número par (2) con el impar (3), puesto que el 1 no era incluido ya que se lo consideraba como al padre de todos los demás. De acuerdo a su valor numérico, corresponde en hebreo a la letra Hé y en griego a Epsilon, con un equivalente castellano de E-H. Es el número del signo zodiacal de Piscis y, según los pitagóricos, pertenecía a la diosa Juno, protectora de las uniones. Tal vez por ello, en los matrimonios romanos los invitados ingresaban al salón donde se desarrollaban las ceremonias de 5 en 5 y había encendidas 5 velas. Le llamaban cardialis pues, del mismo modo que el corazón en el pecho, ocupaba el centro de los números, como puede verse en cualquier teclado de digitación:

1	4	7
2	5	8
3	6	9

Para la religión y las costumbres de los judíos, este número también poseía excepcional importancia. Cinco eran las ofrendas a los sacerdotes, los alimentos que podían ingerirse en el campo, las ropas que José regaló a su hermano Benjamín, los hermanos que José presentó al Faraón y las piedras que cogió David para pelear contra Goliath. Por otra parte, Jesús (cuyo nombre se compone de 5 letras) predijo 5 veces su pasión y fue herido 5 veces. Para las prácticas de magia negra, el pentágono es colocado de manera que 2 de sus puntas queden hacia arriba, simbolizando la lucha entre el bien y el mal.

Número 6

En el zodíaco, es el número favorable a los signos de tauro y libra. También representa al matrimonio pues contiene 3 veces al número par (2) y 2 veces al número impar (3), lo cual simboliza la íntima fusión de vínculo. Para los griegos era el número habitual en el que dividían sus figuras geométricas y para los pitagóricos representaba la justicia. Según la religión de los druidas, este número era excepcionalmente importante. Sus ceremonias más importantes eran celebradas en el sexto día de la luna y allí comenzaba su año. Las hierbas sagradas eran recogidas en el campo por 6 labradores. También los egipcios solían agrupar a sus sacerdotes de 6 en 6.

De acuerdo con la tradición popular de los antiguos griegos, el sexto día de cada mes es especialmente beneficioso para que nazca un hijo varón, pero poco propicio para realizar la siembra. El símbolo griego de este valor es Episemón y el hebreo Var, que se corresponden en castellano con U-V. Es un número neutro. Se corresponde con el viernes y el mes de junio. Para los pitagóricos era el único número adaptado al alma, la unión distintiva de las partes del universo y lo llamaban «la perfección de las partes».

En la Cábala representa al sol. En geometría corresponde al hexaedro o poliedro regular, pero también admite la figura del doble triángulo, que es el símbolo de la estrella de David de los judíos que, como se sabe, tiene 6 puntas. Es un número benéfico porque también es una forma de representación de Dios en sus dos estados trinitarios, el manifiesto y el no manifiesto. También se lo considera el número de la divinidad en movimiento.

Número 7

Es la cifra de Dios en su unidad perfecta, el número mayor del cosmos, el septenario generador compuesto por el 3 (de la trinidad) y el 4 (de la doble dialéctica). Para la Cábala es la representación del planeta Venus y en el zodíaco es el número complementario de cáncer (el otro es el 2).

El 7 corresponde al sábado y al mes de julio. Nunca es un día negativo. Para los hebreos era sagrado. Siete eran los días de la semana, 7 los brazos del candelabro; el séptimo día del mes Adar murió Moisés, según el Talmud, que también habla de 7 cielos. Siete fueron los guías del pueblo judío y 7 sus profetisas. Para los romanos, su ciudad fue edificada sobre 7 colinas. Para los griegos, 7 fueron los durmientes de Éfeso. Desde la perspectiva de la religión católica, 7 han sido los campeones del cristianismo (San Andrés en Escocia, San David en Gales, San Patricio en Irlanda, San Antonio en Italia, Santiago en España, San Jorge en Inglaterra y San Dionisio en Francia). Pero además, 7 son los pecados capitales, 7 los dones del Espíritu Santo, 7 los dolores que padeció la Virgen María, 7 las obras de misericordia y 7 los sacramentos. Según los Evangelios, cuando Jesucristo habla del perdón se refiere a que no siete, sino setenta veces siete...

Siete eran los planetas en la antigüedad (sol, luna, marte, júpiter, saturno, mercurio y venus), 7 los estados de la materia conocidos en el pasado (aeriforme, atómico, nebuloso, cuádruplo nebuloso, ígneo, frío y homogéneo); 7 los dioses coptos. Los asirios creían en la existencia de 7 dioses del cielo, 7 de la tierra, 7 de las esferas ígneas, 7 dioses del mal, 7 fantasmas.

Para los cristianos primitivos el septenario era el número absoluto pues contenía la fusión del cuaternario con el ternario (4 + 3 = 7) y el quinario con el binario (5 + 2 = 7), es decir, de la doble dualidad (4) con el equilibrio y la armonía (3) y de la aspiración al conocimiento (5) con el fundamento de toda dialéctica (2).

También fue un valor numérico de excepcional importancia para los hindúes, cuya astrología se apoya en 7 planetas. En su visión sagrada del mundo mencionan a 7 sabios, 7 castas, 7 mundos, 7 ciudades, 7 desiertos, 7 islas sagradas, 7 árboles sagrados, 7 mares sagrados y 7 principios humanos.

Para los pitagóricos, el 7 contenía todas las circunstancias de la vida. Por ello dividieron la existencia humana en 10 sectores de 7 años cada una:

1) En los primeros 7 años se completa el ser humano.

2) En los segundos 7 años se puede procrear, transmitir la vida.

3) En los terceros 7 años crece la barba y el vello del cuerpo.

4   En los cuartos 7 años, la energía alcanza su máximo punto.

5) En los quintos 7 años, llega el tiempo de formar una familia.

6   En los sextos 7 años, la inteligencia accede a su mayor lucidez.

7) En los séptimos 7 años, se alcanza la madurez mental.

8) En los octavos 7 años se tiene acceso a la sabiduría.

9) En los novenos 7 años, se dispensa bondad y justicia.

10) En los décimos 7 años llega el fin de la vida.

Para los monjes hindúes, los centros de fuerza de la unidad vital son 7:

1) La base de la columna vertebral (emite 4 rayos)

2) El plexo solar (emite 10 rayos)

3) El bazo (emite 6 rayos)

4) El corazón (emite 12 rayos)

5) La glándula toridea (emite 16 rayos)

6) La glándula pituitaria o tercer ojo (emite 96 rayos)

7) La glándula pineal, situada en la cabeza.

En las complicadas investigaciones de la alquimia que desencadenaron una gigantesca evolución del conocimiento durante la Edad Media, el procedimiento constaba de 7 fases. Para evitar el peligro de la profanación y librarse de las presiones sociales que los cercaban, los sabios alquimistas establecieron un lenguaje enigmático, absolutamente hermético para los profanos. Según este simbolismo, su hogar era la casa del fuego, es decir el infierno y por lo tanto, la casa de Satanás. Simbolizaban este reino con un triángulo que representaba al mundo creado, al que a la vez subdividían en 4 triángulos más pequeños, que simbolizaban la tierra, el agua, el aire y el cielo. La suma de los triángulos volvía a dar 7, un número místico de la alquimia. Incorporando las creencias que provenían de Oriente, los astrólogos europeos terminaron por admitir que los perfumes, más allá de su efecto psicológico y emotivo, poseían una vibración propia, una vibración aromática similar a la auditiva. Así, en el siglo XVIII, las esencias se clasificaron en 7 grandes grupos:

1) Olores aromáticos (laurel)

2) Olores fragantes (jazmín)

3) Olores ambrosíacos (ámbar)

4) Olores aliáceos (ajo)

5) Olores fétidos (valeriana)

6) Olores venenosos (solanáceas)

7) Olores nauseabundos (cucurbitáceas)

También son 7, como los planetas astrológicos, los elementos que componen la jerarquía fitológica:

7) Árboles (dominio del sol)

6) Arbustos (dominio de marte)

5) Helechos (dominio de júpiter)

4) Hierbas (dominio de venus)

3) Musgos (dominio de mercurio)

2) Algas (dominio de la luna)

1) Hongos (dominio de saturno)

Para los hebreos, el 7 se corresponde con el vocablo Zain y para los griegos con Zeta. En el Apocalipsis puede hallarse que su revelación se compone de 7 visiones dirigidas a las 7 iglesias de Asia; 7 son las trompetas que llevan los 7 ángeles; 7 los ojos del cordero, y las copas colmadas de la ira de Dios.

Al séptimo día, según los griegos, nació Apolo. En el juego del Tarot representa a la victoria. Las Sagradas Escrituras, los libros de alquimia, la Cábala y hasta los tratados de brujería abundan en referencias a este número cargado de vibraciones.

Cuatro veces 7 son los ciclos lunares. El poderoso influjo de la luna sobre el comportamiento humano dura 28 días, divididos en 4 partes de 7 días de duración. Estas partes se llaman novilunio, primer cuarto, plenilunio y último cuarto. Y el séptimo día dentro de estos 28 es favorable y asegura la realización de los planes que se soñaron durante esa noche tan particular. El 7 era la cifra de preguntas que hacía la cartomántica de Napoleón I, la célebre Mademoiselle Lenormand antes de empezar a tirar las cartas. Al tirarlas, formaban 7 montones para la consulta. Por cierto, en cartomancia, el 7 es un número propicio para los que proyectan viajes.

Para concluir, cabe subrayar que la importancia de este número místico ha alcanzado tal magnitud a través de la historia de la humanidad que aún hoy ha llegado hasta nuestros días, acompañado de un aura de misterio e incertidumbre, destacándose en muchísimos aspectos de la vida cotidiana. Así, 7 son los sabios de Grecia, 7 las artes, 7 los ciclos en que dividían los hebreos el año sabático, 7 las plagas de Egipto, 7 las cabezas de la Hidra, 7 las maravillas del mundo, 7 los mares (tradicionalmente hablando), 7 los colores del arco iris y 7 las notas de la escala musical.

Número 8

Simboliza la igualdad. Según Pitágoras, designaba la ley natural, porque es el primero que puede dividirse en números cuadrados iguales (4 y 4). Se corresponde con el mes de agosto y es el número favorable de los signos de acuario y capricornio. En hebreo es Heth y en griego Eta, cuyo valor es similar a nuestra CH. La tradición popular asigna que soñar con él es un aviso de futura pérdida de dinero. Para los griegos, el octavo día era el mejor para encontrarse con los buenos amigos, pero para los egipcios, el día 8 de cada mes estaba relacionado con el pago de diezmos o impuestos. Se le considera habitualmente con un día próspero, salvo para cuestiones financieras. En los arcanos mayores del Tarot señala a Temis, el equilibrio.

En las antiguas creencias, este número ha tenido singular importancia. El griego Dionisios lo tenía por valor sagrado pues había nacido en el octavo mes. Los hijos varones de los judíos eran circuncidados en el templo al octavo día de su nacimiento y en la fiesta de Yanucah se encendían 8 velas. Ocho fueron las almas salvadas del Arca de Noé y él fue el octavo que salió del arca. Su propio nombre significa «ocho veces ocho». Por otra parte, el número de Jesucristo es 888 y se opone al célebre 666 del Anticristo.

A través de la escritura sánscrita y luego de la árabe, su trazo ha llegado a nosotros como un simbolismo gráfico muy similar al de infinito:

8   ∞

Esto resulta lógico pues se considera que simboliza la unión del espíritu con la materia. En geometría corresponde al octaedro (tercer poliedro regular). En la Cábala corresponde al planeta mercurio.

Número 9

Para los esoteristas es el símbolo de la culminación del tiempo. Para el matemático catalán Ramón Llull era el valor de división de sus figuras concéntricas. Para la Cábala, es el número de la luna.

Es el 0 de la teosofía cristiana y el de la enéada sagrada de los dioses egipcios. Se integra con valores de excepcional riqueza, de acuerdo a los números que lo componen:

3 (equilibrio) + 3 (equilibrio) + 3 (equilibrio) = 9

4 (doble dualidad) + 3 (equilibrio) + 2 (antagonismo) = 9

4 (doble dualidad) + 4 (doble dualidad) + 1 (Dios) = 9

3 (equilibrio) + 3 (equilibrio) + 2 (antagonismo) + 1 (Dios) = 9

5 (sabiduría) + 3 (equilibrio) + 1 (Dios) = 9

5 (sabiduría) + 4 (doble dualidad) = 9

5 (sabiduría) + 2 (antagonismo) + 2 (antagonismo) = 9

6 (justicia) + 2 (antagonismo) + 1 (Dios) = 9

6 (justicia) + 3 (equilibrio) = 9

7 (lo absoluto) + 2 (antagonismo) = 9

El 9 es el cuadrado del ternario (3) y fue un número de valor sagrado para muchos pueblos en épocas remotas. Los chinos se prosternaban 9 veces ante su emperador y en algunos pueblos africanos los reyes exigían que sus vasallos tocasen con la frente el suelo 9 veces antes de dirigirles la palabra. Los mogoles llevaban 9 talismanes en el momento de presentar batalla, el noveno hijo gozaba de favores especiales de sus padres, las mujeres se colocaban 9 brazaletes en el brazo izquierdo para las grandes ceremonias y los manjares sagrados debían componerse con 9 elementos (como máximo).

Según la tradición popular, el 9 (número favorable a los nacidos bajo el poderoso signo de escorpio) es propicio para las cuestiones sentimentales. Fue importante para los cristianos, puesto que 9 son las órdenes de los ángeles del cielo y Jesucristo murió a la hora novena, de donde proviene el sistema de oraciones que lleva su nombre. Los griegos tenían 9 musas y los etruscos 9 dioses principales. En tiempos antiguos se decía que había 9 piedras preciosas, así como 9 clases diversas de demonios. Existe una orden entre los masones que se llama Nueve Caballeros Elegidos que usan 9 rosas, se alumbran con 9 velas y dan 9 golpes. Según los arcanos mayores del Tarot es «la lámpara velada» y simboliza la prudencia. Corresponde a la letra griega Theta y al nombre hebreo Teth, equivalente a nuestra T.

Para los discípulos de Pitágoras representa la fragilidad de las cosas humanas. Es el triángulo del ternario, la base de toda razón y la razón de ser de todas las formas. Es el primer número primo (3) elevado al cuadrado. No hay número que pueda ir más allá del 9 por lo que lo comparaban con el horizonte, en el sentido en que todos los números se comprenden en los que llegan hasta el 9, del mismo modo que el horizonte comprende todo el mundo que puede conocer el hombre.

Número 10

Es el primer número compuesto (1 y 0), el primero de 2 cifras y el fundamento del sistema decimal por el que desempeñamos nuestros cálculos habituales. Es la base de la numeración mágica y, para los pitagóricos, la suma de los conocimientos humanos al ser la «la nueva unidad», el equivalente a 1 (que es Dios) como base del sistema decimal: 10 unidades forman la «la nueva unidad». Esta, repetida 10 veces da 100; 10 veces 100, da 1000, y así indefinidamente. Contiene a todos los números del mismo modo que las categorías contienen todo lo conocido (la centena contiene los números de 2 cifras del mismo modo que, por ejemplo, la categoría «metales» contiene a todos los metales conocidos). Para los cristianos primitivos simboliza la ley puesto que la ley de Dios se compone de 10 mandamientos. Se le llamaba «número universal» y por contener a todos los restantes, se consideraba como una representación de la eternidad. Al estar compuesto por el 1 que significa Dios y el 0, la nada, encierra en sí la totalidad. Para Pitágoras, la década mística se componía de la suma de los 4 números primos:

$$1 + 2 + 3 + 4 = 10$$

Su significado era el siguiente:

1 es Dios

2 es la materia

3 es el mundo físico

+ 4 es la reproducción

Lo que da un total de 10, que es la totalidad del cosmos. La Cábala simbolizaba el atributo de la divinidad con la palabra IOD. En hebreo, el número 10 se corresponde con el nombre lod, que en griego es Iota y corresponde a nuestros sonidos Y, I, J. Para los caldeos, era el número místico de Nin, saturno. Es un número activo, correspondiente a "La rueda de la Fortuna" y negativo desde la perspectiva lunar. Los griegos lo llamaban "panteleia", es decir «lo completo, lo realizado» y entregaban a los dioses la décima parte de sus botines de guerra.

Para los mahometanos, hay sólo 10 animales admitidos en el paraíso. Los antiguos rabinos sostenían que un hombre podía divorciarse de su mujer si ésta no le había dado descendencia en los 10 primeros años de matrimonio. Había 10 plañideras en los entierros y 10 jóvenes acompañando al esposo en las bodas. Diez milagros se hicieron en Egipto en ayuda de los israelitas y otros 10 en el mar Rojo. Los judíos ofendieron 10 veces a Dios en el desierto y Moisés fue probado 10 veces. Los pitagóricos sostenían la existencia de 10 pruebas iniciáticas y para los budistas hay 10 puntos de perfección. Finalmente, cabe consignar que en los tiempos modernos, el 10 es sinónimo de la más alta calificación que puede obtenerse al evaluar un trabajo.

Número 11

Se trata de un número con mala fama. San Agustín lo llamaba «número malo» y también se dice que «once es el número de los pecados». Puesto que 10 son los mandamientos y 12 el símbolo de la gracia, el intermedio es considerado como de signo negativo, porque va más allá de los mandamientos de Dios. En la Cábala representa la fuerza oculta que no está bien encaminada y para los cabalistas, en la medida en que la década representa lo perfecto, el 11 significa imperfección, es decir, lo contaminado, lo pecaminoso. En el lenguaje de los sueños, representa la indecisión y la incertidumbre. Es un número pasivo; corresponde al mes de noviembre y se considera que es el número de la rebelión, de los enfrentamientos pues su representación es como 2 espadas o 2 lanzas que se disponen a la lucha.

Número 12

Es un número sagrado y sirve para medir los cuerpos celestes (ya desde los caldeos son 12 los signos del zodíaco), así como los meses del año; 12 eran los discípulos de Jesucristo; 12 los frutos del Espíritu Santo; 12 las tribus de Israel; 12 los hijos de Jacob; 12 las veces que Jesucristo apareció después de su muerte.

Este número pasivo es considerado el sinónimo de la perfección. Doce veces 30 grados forman los 360 grados de la circunferencia. Los caldeos, los etruscos y los romanos dividían en 12 grupos a sus dioses. El dios Odín de Escandinavia tenía 12 nombres, del mismo modo que los rabinos sostenían en épocas remotas que el nombre de Dios se componía de 12 letras. A la duodécima hora Adán fue expulsado del paraíso. Doce son las piedras preciosas de la corona de Inglaterra, 12 las puertas de la ciudad de Jerusalén y 12 los ángeles que la guardarán, según el Apocalipsis. Según la misma fuente, en la nueva Jerusalén vivirán 12.000 hombres escogidos. En los arcanos mayores del Tarot representa el sacrificio. En sus 12 primeros números se encuentra la clave del total de láminas que lo componen. En Atenas se adoptó el sistema duodecimal y Platón admitía 12 dioses en su república. También había 12 dioses en los primitivos pueblos japoneses.

El 12 es el número de la prudencia, del justo equilibrio, de la gracia de la forma. Para los etruscos el cielo contaba con 12 divisiones por las que pasaba el sol cada día y dividían sus posesiones en 12 provincias. Las 12 es la hora en la que el sol llega a su punto en el que divide en 2 el día, y 12 es el máximo número que contienen los relojes.

Número 13

Es, sin duda, el más famoso de todos los números en lo que hace a la tradición popular. Para algunos es un buen augurio mientras que otros le temen, a punto tal que existen clubes, cines, teatros, restaurantes y otros lugares públicos que saltean este número de butaca y hasta llegan a alterar la numeración de sus filas o mesas. Es por todos conocida la tradición de que no deben sentarse jamás 13 personas en una misma mesa para comer juntos, así como, con signo contrario, quienes llevan un colgante de oro o plata representando a este valor numérico como talismán de buena suerte. En la antigüedad, entre los pueblos nórdicos, el 12 era considerado como número de mala suerte y en cambio el 13 les resultaba propicio.

Según los antiguos cristianos, habla del misterio de Dios como un símbolo de esperanza redentora, puesto que la estrella de Belén apareció en el cielo el día treceavo del nacimiento de Jesús para anunciar la buena nueva al mundo y guiar a los Reyes Magos. Este número activo es considerado una advertencia para los juegos de azar si se sueña con él. A diferencia de lo que se cree habitualmente, soñar con el 13 sugiere no jugar por que se perderá dinero. Para los griegos, era un día infausto para la siembra. Según los egipcios, el día treceavo era el elegido de los dioses para enviar a la tierra las epidemias. En los días lunares está considerado como un número infausto.

¿Es de estos indicios imprecisos de donde proviene la mala fama del 13 que se ha generalizado por todo el mundo? Probablemente, la tradición de no sentarse 13 a la mesa provenga de la última Cena. Allí había 13 comensales (12 apóstoles y Jesús) y el resultado fue una traición, una tragedia. Pero en confines totalmente distantes, en Escandinavia, también existe una tradición parecida: según la antigua mitología, el dios Baldur fue muerto de un flechazo mientras los 12 grandes Dioses se hallaban sentados a la mesa. Él estaba invitado a la cena y no pudo llegar.

El 13, número de equivocaciones mágicas, determina que en las butacas de muchos aviones se pase del 12 al 14, al igual que en las carreras de coches y de caballos. Sin embargo, en el pasado, los judíos lo tenían por día propicio. Por orden de Eliazar el rabino, ayunaron 13 días y lograron superar una grave sequía pues llovió. Había 13 cuernos en el templo, 13 mesas y 13 eran las reverencias que se llevaban a cabo durante el servicio religioso.

En el Tarot representa la guadaña, es decir, la transformación del hombre, según los arcanos mayores. El oscuro, misterioso halo que rodea al número 13 y que ha llegado hasta nuestros días conserva aún toda su fuerza. Todavía, los periódicos de todo el mundo llaman la atención de sus lectores cada vez que confluyen en el año un día martes de numeración 13, al que se considera como verdaderamente nefasto, sin que jamás haya sido posible constatar su presunta negatividad.

Número 14

Según la Cábala es el valor numérico de las transmutaciones, las metamorfosis, los cambios. Puesto que se trata de un doble septenario (7 + 7), con frecuencia se dice que él es un número doblemente afortunado. Los primeros médicos griegos sostenían que el día catorceavo era decisivo en caso de fiebres pues o remitía o se agravaba de modo indetenible. En los arcanos mayores del Tarot representa el genio humano.

Se trata de un número pasivo, siempre vinculado con cambios, en general favorables. Para los cristianos recuerda a la pasión de Jesucristo, que fue crucificado en la 14 luna del primer mes.

Número 15

Se asigna a este número -desde los tiempos más remotos- la virtud de descubrir lo oculto y alejar los males. En la jerga numérica popular se lo llama «la niña bonita» porque es un sinónimo de inocencia, candor y juventud. Uno de los más antiguos talismanes que se conocen lleva la siguiente inscripción numérica:

4	9	2
3	5	7
8	1	6

Tanto si se suma de manera vertical, como horizontal o en ángulo, la suma de estos números siempre da 15, confirmando su sentido de protección a quien lo lleva. Los judíos sostenían que el 15 era un número benéfico pues a cada una de las cifras que lo componen representan la primera y la segunda letra de la palabra «Jehová». Asimismo, Paracelso ideó otro talismán de protección que llevaba la figura del planeta saturno y cuyos números eran los siguientes:

2	9	4
3	5	7
6	1	8

Igual que en el caso anterior, la suma siempre da 15.

Considerando un valor neutro, este número era asociado por los caldeos con su dios Beltis o Mylitta. Para los cristianos representaba la ascensión espiritual mientras que el Tarot lo asocia con la fatalidad. Para la Cábala, anuncia al genio del mal.

Número 16

En el Tarot es la Torre en ruinas y simboliza precisamente la ruina. No era un día fausto para los egipcios, que aconsejaban no internarse por los bosques las noches del día dieciseisavo ni desarrollar ninguna actividad vinculada con árboles, plantas o elementos vegetales. Los griegos, que también eran muy supersticiosos, sostenían que era una advertencia acerca de contrariedades e imprevistos futuros. Ocupar el asiento dieciseisavo en el senado implicaba que las mociones presentadas estarían condenadas al fracaso.

Se trata de un número activo. Para los pitagóricos, sin embargo, el 16 era un cuadrado perfecto (4 X 4) y encerraba en sí el 10, suma de los conocimientos humanos. Por otra parte, le asignaban ascendencia divina por cuanto está compuesto por 1 (Dios) y 6 (doble trinidad). Por ello lo llamaban el «número feliz».

Número 17

Es el símbolo de la obstrucción porque aparece después del cuadrado perfecto del 16 y el oblongo (esto es, más largo que ancho) 18. Tiene que ver con la locura, la desgracia, la tragedia. Junto con el 2, es el número más temido después del 13. Viernes y 17 suele ser una combinación fatídica para quienes creen en las supersticiones.

Curiosamente, para los arcanos mayores del Tarot es la estrella de los magos, es decir, la esperanza. Pero desde la perspectiva de los acontecimientos humanos, representa la muerte. Según Plutarco, el odio y la aversión que los egipcios sentían por este número obedece a que su dios Osiris fue muerto en el día 17 de la luna. Un niño egipcio nacido en 17 se consideraba que llevaba en sí la mala estrella y que su vida sería desafortunada.

Sin embargo, el 17 atrae sobre sí las contradicciones. En algunos países de Sudamérica, los números de lotería más vendidos terminan en 17 y resulta extremadamente difícil dar con las variables 01717, 11717, 17117 ó 17717, porque están entre las primeras que se agotan. Asimismo, en cualquier casino del mundo puede advertirse que el 17 es uno de los números más jugados. Por el contrario, en los Estados Unidos, los martes 13 y los viernes 17 son los días del año en los que se realizan menos casamientos. El día 17 también se advierte un decrecimiento notable en las estadísticas en Francia y España, en lo que se refiere a matrimonios.

El gran filósofo Benedetto Croce, fiel a la tradición italiana de aversión al 17, en sus célebres Cuadernos de Crítica, saltó del volumen 16 al 18, para no tener que pasar por el 17. Finalmente, cabe consignar el caso de un célebre estadista italiano de nuestro siglo que nació un 15 de febrero (febrero es el mes 2; 15 + 2 = 17) por lo que durante toda su vida jugó inútilmente a la lotería a números que terminaran con 17. Su hábito no cambió a pesar de perder a su hijo mayor en un accidente de aviación ocurrido el día 17. Su hijo menor se casó el 16 de octubre (6 + 1 = 7), octubre es el mes 10; (10 + 7 = 17). Finalmente, a los 71 años (17 al revés) el estadista murió un día 17. Al ser enterrado su tumba llevaba el número de catastro 177. Aquí también hago mención a que mi padre también falleció con 71 años, un día 17.

Número 18

En la interpretación tradicional de los sueños, soñar con este número es un aviso de peligros para la salud. Para el Tarot, su significado es de decepción. Pero era un número importante en la religión sumeria y esta tradición fue heredada por asirios y caldeos, que consideraban que los 18 años constituían la edad ideal para la desfloración de las vírgenes y disponían 18 cálices con filtros mágicos en el altar del templo. Este valor numérico puede ser hallado habitualmente en los libros de magia ocupando un lugar preponderante puesto que es el número de los filtros y los sortilegios.

También para los judíos, los 18 años era la edad en el que las jóvenes debían ir al lecho nupcial. El candelero de oro tenía 18 palmos de alto y había 18 bendiciones en la liturgia. Finalmente, puede reseñarse que 18 años es la edad que convencionalmente se considera que un individuo adquiere responsabilidades civiles, puesto que ya es mayor de edad.

Número 19

De acuerdo con la Cábala, se trata de un número favorable, por cuanto se halla compuesto por 1 y 9, números propicios que, sumados, dan 10, que es el símbolo de la perfección. El sol, el oro y la piedra filosofal se simbolizan con el 19. Para Pitágoras, estaba vinculado con la luz, la claridad, los resplandores, los relámpagos y, por lo tanto, con las revelaciones. Sin embargo, los egipcios le temían, pues consideraban que tener contacto carnal con una mujer el día 19 del mes equivalía a arriesgarse a contraer enfermedades venéreas. Los griegos, por su parte, creían que la noche del día 19 favorecía las rencillas hogareñas.

Para el Tarot el 19 es la luz que aporta felicidad. En los rituales demonológicos, es un número temido por lo que los profesantes de magia negra evitan que haya 19 objetos iguales o 19 personas reunidas en un mismo lugar pues sostienen que incita al castigo o que prepara la ira de Dios a través de su revelación. En Escandinavia, una planta con 19 hojas es sinónimo de buena suerte para el hogar.

Número 20

En Tarot es el despertar de los muertos, y significa resurrección o renovación. Para la Cábala es el número de la verdad, de la buena salud y de la fe inquebrantable. Para los antiguos rabinos, un hombre que no se casaba a los 20 años implicaba que tendría una vida llena de nefastos pecados. El 20 corresponde al nombre hebreo de Kaph y al griego Kappa, equivalente a nuestra P.

Número 21

En el horóscopo simboliza la locura, el desequilibrio, la explosión de las fuerzas internas que no pueden ser controladas. Posiblemente este significado provenga de la antigua creencia griega de que los niños nacidos en un día 21 se hallaban más propensos que los demás a padecer enfermedades nerviosas. Para los pitagóricos es un número positivo porque es el triple septenario, tres veces 7, lo cual constituye también el número de la adivinación. Pero en la Edad Media conservaba un fuerte acento de locura, de trastorno mental y su explicación debe hallarse en que está compuesto por 1 (Dios) y 2 (contradicción) pero en sentido inverso, es decir «la contradicción de Dios, su antagonismo», por lo que se relacionaba con los protestantes, los escépticos, los ateos, los herejes, los que merecían castigo por dudar de Dios u oponerse a sus designios.

Número 22

Por el grafismo que lo identifica, comúnmente se lo llama «los dos patitos». Es el símbolo de la sabiduría. Veintidós son los arcanos mayores del Tarot, 22 las letras del alfabeto hebreo, 22 los libros del Antiguo Testamento. En la Cábala se lo considera la razón suprema. Una de sus ramas, Themurah, que utiliza procedimientos anagramáticos, para descomponer y recomponer las palabras, apela a un alfabeto de 22 letras.

Número 24

El Jaffar, antiquísimo sistema de computación árabe, divide el día en 24 períodos para realizar sus cálculos. Responde a una tradición que permanece actualmente, según la cual el día se halla dividido en 24 horas. Simboliza la perfección total por cuanto es 2 veces 12 (la perfección) con su contenido de equidad y justicia, (para los pitagóricos el 6 simboliza la justicia, y 24 se descompone en 2 + 4 = 6).

Número 26

Es un número pasivo que generalmente despierta animadversión. La superstición que le rodea se remonta a épocas muy antiguas. Entre los hititas, si había 26 soldados defendiendo un bastión, llamaban a un compañero o uno de ellos se retiraba del campo de batalla pues consideraban que resultaba nefasto para la guerra. Los egipcios lo tenían por un día hostil puesto que el día 26 del mes de Akit se había celebrado el gran combate entre sus dioses Horus y Seth y el perverso Seth había triunfado. Para los discípulos de Pitágoras, en principio significaba una forma de igualdad (tal vez porque 2 + 6 = 8 que significa igualdad), pero una igualdad inestable, que podía romperse en cualquier momento, absolutamente impredecible (acaso por no ser divisible por los números primos), como las fuerzas semejantes que se enfrentan en un campo de batalla, en el que, indefectiblemente una de ellas saldrá vencedora y la igualdad habrá desaparecido.

Número 28

Es un número activo, muy propicio. Soñar con él augura dicha y generalmente se asocia con acontecimientos faustos, tal vez porque la suma de sus componentes (2 + 8) da 10, la perfección. En la astrología china, el zodíaco se halla dividido en 28 casas.

Número 30

En Astrología, el círculo con la configuración del cielo y los planetas consta de 360° numerados, divididos en 12 signos de 30° cada una. El año egipcio tenía 365 días divididos en 12 meses de 30 días cada uno al que se le agregaban otros 5 (epagómenos) para hacer el cómputo total. Para los árabes, este número equivalía a Lam, que en hebreo es Lamed y en griego Lambda, correspondiente a nuestra L. Dentro del cristianismo es un número importante pues San Juan Bautista tenía 30 años cuando se lanzó a predicar en el desierto, Jesús comenzó a los 30 años su vida pública y fue vendido por Judas a cambio de 30 monedas. El griego Hesíodo afirmaba que el 30 era el mejor día para evaluar el trabajo de los esclavos y repartir las raciones (del mismo modo que en la actualidad es generalmente el día de cobro de honorarios).

En la Edad Media, se consideraba un día malo y peligroso; posiblemente obedezca a que era el día señalado por los usureros para cobrar sus intereses. Parece confirmarlo una aseveración del célebre astrónomo y astrólogo italiano Piero di Cascia quien sostiene que el día 30 no deben consultarse los astros pues inexorablemente señalarán graves problemas económicos a quien solicite la consulta.

Número 32

Para los hebreos era el símbolo de la sabiduría porque 32 fueron los caminos trazados por Abraham para llegar a ella. Treinta y dos son las cartas que se leen con mayor frecuencia en cartomancia y, según la tradición, 32 los pilares sagrados sobre los que se asentaba la ciudad de Babilonia,

Número 33

Es un número neutro. Simboliza la fecundidad, la abundancia, la prosperidad futura, la esperanza futura. Es la edad que tenía Jesucristo al morir, lo, cual significaba la promesa futura de salvación del género humano. Es el número que hacen repetir los médicos para comprobar la resonancia de la caja torácica.

Número 34

Es el número místico de Júpiter, totalmente propicio. Tal vez por ello, Paracelso ideó un talismán de buena suerte para los negocios que, en una de sus caras, lleva la siguiente combinación:

6	12	12	4
5	10	11	8
9	6	7	12
14	6	4	10

De manera vertical, horizontal o diagonal, la suma de estos números siempre da 34.

Número 36

Era de una importancia tan fundamental para los pitagóricos que bajo su auspicio prestaban juramento. Cabe recordar que, para ellos, el 6 era el único número adaptado al alma y lo llamaban «la perfección de las partes». Treinta y seis era el resultado del 6 multiplicado por sí mismo, es decir, potenciado. Por otra parte, los discípulos de Pitágoras sostenían que cada 216 se producía una regeneración total del universo. Creían en la reencarnación y consideraban que el ser humano, transmutado, regresaba a la tierra 216 años después de su muerte; 216 es el resultado de la multiplicación de 6 x 36.

El 36 es uno de los números del Sol, junto con el 6, el 111 y el fatídico 666. Por ello, los egipcios lo tenían en gran consideración y sostenían que simboliza las fronteras. Más allá del 36, toda suerte era impredecible, aseguraban. Acaso como una inconsciente reelaboración de esta superstición antiquísima, la ruleta cuenta con 36 números.

Número 40

Cuarenta son los naipes de las barajas españolas. Jesucristo ayunó durante 40 días, Moisés permaneció 40 días en el desierto y los israelitas deambularon durante 40 años en busca de la Tierra Prometida. Elías, el profeta, permaneció 40 días sin comer recorriendo los caminos que lo llevaban al monte Horeb. La escala de Job hacia el cielo tenía 40 peldaños, Jesús estuvo sepultado durante 40 horas y subió a los cielos 40 días después de su resurrección.

En general, el 40 significa penitencia. Según San Agustín simboliza la peregrinación por el camino de la verdad para alcanzar el cielo. En hebreo equivale al nombre Mem, que en griego es Mu y en árabe Mim, cuyo sonido aproximado en nuestro idioma sería la letra M; 40 es el máximo valor en el juego del tute y, en los tiempos actuales, se considera que es la edad crítica del hombre, que da comienzo a su madurez.

Número 48

Se compone de dos números sagrados (4 y 8) que, sumados, dan otro número sagrado (12) que representa la perfección, por lo que, desde antiguo, se lo ha vinculado a los menesteres divinos, a los mensajes de ultratumba, a lo que llega desde el más allá. Los egipcios creían que sus muertos reconocían el lugar en el que se hallaban enterrados a las 48 horas y los druidas que eran 48 los peligros desconocidos que les amenazaban por las noches. Tal vez en estas antiguas creencias deba hallarse la raíz de la tradición oral proveniente de Italia que asevera que soñar con el número 48 significa «el muerto que habla», es decir, el mensaje de alguien cercano muerto que aconseja jugar en su nombre al número 48 para ganar.

Número 50

Es el número de las puertas de Binah, es decir, del entendimiento. En el lenguaje de los 50 aconseja desconfianza. En griego se lo identifica con Nu, que en árabe es Nun y en hebreo también Nun, equivalente a nuestra N. Los neopitagóricos lo identificaron con el nihilismo, oponiéndolo al 5 que significa la aspiración al acontecimiento. Para los cristianos es el número con que se identifica al Espíritu Santo.

Número 60

El Samech hebreo, el Xi griego, el Sin árabe, cuya equivalente es nuestra S, tienen el valor numérico 60. Para los bárbaros del norte del Rhin, era el número de estancias que recorría el tiempo hasta llegar a la tierra y pedir cuenta de sus actos a los hombres. Los griegos lo relacionan de modo incierto con la finitud de la vida. 60 son los minutos que componen cada hora y 60 los segundos de cada minuto; 60 es múltiplo de 6 y multiplicando un número por el otro da 360 que es la suma de los ángulos y el total del círculo del cielo, según la astrología.

Número 64

Para los discípulos de Pitágoras representaba el difícil camino que da acceso a la perfección. Se compone de 6 (el vínculo, la unión) y 4 (la casta, la reproducción) y su suma da 10 (la perfección). Es la potenciación de 8 (8 X 8) que significa la igualdad, por lo que interpretaban estos símbolos como el camino que se inicia y se reproduce en la igualdad y el equilibrio para llegar a la perfección. Además, 64 son los hexagramas de los que se compone el I-Ching.

Número 100

Simboliza a Dios en lo absoluto, por encima de la nada, amo del infinito y de todo lo creado, único sobre todas las cosas. Tradicionalmente se lo considera como un augurio excelente para la salud. Vivir en una casa con el número 100, obtener un billete que termine en 100 o ser el número 100 en alguna nómina es señal de buena suerte. Piero di Cascia sostenía que beber de un vaso lleno de 100 gotas de impida agua de manantial aseguraba la longevidad de los adolescentes. Fue un número rodeado de un halo positivo a través de los tiempos y Nostradamus, el célebre astrónomo y astrólogo francés (1503-1566) compuso sus profecías en cuartetas llamadas Centurias porque fueron agrupadas de 100 en 100. Para los árabes equivalía a Qaf, para los hebreos a Qoph y para los griegos a Rho, que sería nuestra letra Q.

Número 152

De acuerdo a los cuadrados mágicos de los griegos, éste es el número de la Virgen María. Su nombre se compone numéricamente del siguiente modo:

40 + 1 + 100 + 10 + 1 = 152

Pero si se plasma el cuadrado mágico en un cuadro de tres (es decir, 9 divisiones) utilizando solamente los números que identifican a la Virgen, resulta lo siguiente:

1	5	2
5	2	1
2	1	5

De cualquier manera que se lea este cuadro, dará 8. Es decir que por cualquiera de sus caras forma el número 888. Curiosamente, la suma de las letras que componen el nombre de Jesús, también da 888.

Número 365

Desde los tiempos primitivos y las culturas más diversas, es el valor en días en que está dividido el año, convención que aún es válida para nosotros. Para los hebreos simbolizaba el silencio y curiosamente, si se suma 300 + 60 + 5 = 365, las letras equivalentes suenan mudas o silenciosas. Es un hecho igualmente curioso que la palabra mística "abraxas" que aparece en los talismanes, si es descompuesta de acuerdo al valor numérico griego, da como resultado el valor 365, que es el tiempo en que transcurre el año.

Número 666

Este es el gran número del sol. Se lo llama Sorath o Surt y según el Apocalipsis es el número que lleva grabado el Anticristo en alguna parte de su cuerpo. San Juan Evangelista, su autor, era un espléndido aritmomántico pero, a pesar de que a través de los siglos han abundado las investigaciones al respecto, no ha sido posible esclarecer hasta el presente cuál es la razón por la que este número designa a la bestia, es decir al Anticristo. De acuerdo con la astrología, el sol consta de 6 divisiones. La suma de cada columna da 111; 111 X 6 = 666

En el Apocalipsis se dice que el nombre del Anticristo se compone de letras que sumadas en su valor numérico dan el fatídico 666. Entre los numerosísimos estudios llevados a cabo a través del tiempo, acaso el más famoso sea el que identifica a Nerón, cuyas letras en hebreo, sumadas, dan con la cifra indicada. Los protestantes, por su parte, identificaron la suma con el Papa y con los luteranos. También le fue adjudicado a Napoleón y a Mahoma, aunque se tiende a considerar que el quinto emperador romano Nerón era el que definía el número, sobre todo si se tiene en cuenta que por entonces los romanos perseguían a los cristianos.

Para los pitagóricos, el 666 simboliza el intento inútil de alcanzar la plenitud, que estaría dada por el 777, es decir el triple septenario. Como el nombre de Jesús es 888, se considera que supera la plenitud, que simboliza estar por encima de toda plenitud conocida.

Número 6.666

Se trata de una prolongación del infernal 666 y, como tal está referido a las cuestiones del Averno. Según los esotéricos, el reino de Satanás se compone de 7 reyes, 23 duques, 11 condes, 11 presidentes y una innumerable cantidad de caballeros que rigen las 6.666 legiones infernales. Y, cada una de estas 6.666 legiones se compone de 6.666 demonios.

AGRADECIMIENTOS

A mi hija Ángela por su portada tan bonita. A Pilar, mi mujer, y a mi hijo Iván, por su apoyo incondicional. A mis hermanos Ana y Jaime por la labor divulgativa de la obra y poder contar con ellos siempre.

Y como no, a mi editor Antonio Herrera Casado, por su confianza en mí.